KB247538

최상위권 도약을 위한
21일 만에
고득점 올리기

최상위권 도약을 위한
21일 만에
고득점 올리기

개정판 1쇄 인쇄 | 2016년 4월 15일
개정판 1쇄 발행 | 2016년 4월 20일

지은이 | 이지원
펴낸이 | 박영욱
펴낸곳 | (주)북오션

편 집 | 권희중 · 이소담
마케팅 | 최석진 · 임동건
표지 및 본문 디자인 | 서정희 · 심재원
세무자문 | 세무법인 한울 대표 세무사 정석길(02-6220-6100)

주 소 | 서울시 마포구 서교동 468-2
이메일 | bookrose@naver.com
페이스북 | facebook.com/bookocean21
블로그 | blog.naver.com/bookocean
전 화 | 편집문의: 02-325-9172　　영업문의: 02-322-6709
팩 스 | 02-3143-3964

출판신고번호 | 제313-2007-000197호

ISBN 978-89-6799-276-7 (13370)

이 도서의 국립중앙도서관 출판예정도서목록(CIP)은 서지정보유통지원시스템
홈페이지(http://seoji.nl.go.kr)와 국가자료공동목록시스템
(http://www.nl.go.kr/kolisnet)에서 이용하실 수 있습니다.
(CIP제어번호: CIP2016007447)

21일 만에 고득점 올리기

이지원 지음

북오션

공부를 잘하는 확실한 방법은 무엇일까?

우리나라 학생 대부분은 많은 스트레스를 받는다. 스트레스 때문에 부모와 갈등하고, 친구와 경쟁하며, 심지어는 모든 것을 포기하려 하기도 한다. 이 스트레스의 시발점이 바로 '성적'이다. 우리나라의 입시 제도나 사회 풍토는 쉽사리 바뀌지 않을 테니 결국 학생들이 스트레스를 줄이는 가장 현실적인 방법은 공부를 잘하는 것이다. 그래서 13년간 4,000여 명 이상의 학생들을 만나 학습, 입시 컨설팅을 진행하면서 '공부를 잘하는 확실한 방법은 무엇일까?', '어떻게 해야 성적이 올라갈까?' 라는 질문이 내 머릿속을 떠나지 않았다.

이 질문에 대한 해답을 찾으려고 원래 공부를 잘하는 학생, 성적이 많이 오른 학생, 공부를 해도 성적이 오르지 않는 학생 등 다양한 학생들을 만나 인터뷰하고 오랫동안 비교 분석했다. 또한 현재 재직 중인 ST&COMPANY 미래교육연구소에서도 이 문제를 해결하려는 연장선 상에서 단기간에 성적이 오른 사람의 실제 학습 습관 데이터를 과학적으로 분석해, 이를 커리큘럼으로 구현하는 방법을 연구하고 있다. ST&COMPANY는 이미 〈단기 고득점자 방법론〉을 영어 시험, 공무원 시험 등 성인 교육에 적용하여 교육의 새로운 방향을 제시했으며, 적용 범위를 지속적으로 확대하고 있다. 과학적으로 검증된 방법으로 단기간에 집중해서 학습하면 효율이 높아진다. 이를 통해 학생들은 단기간에 성적을 높일 수 있다.

이 〈단기 고득점자 방법론〉에서 가장 기본이 되는 것이 바로 '공부 습관을 만드는 것'이다. 자신의 상황과 수준에 맞는 공부 습관이 있느냐 그렇지 않느냐에 따라 공부에 대한 흥미와 집중력, 학습 효율성 등이 크게 차이 난다.

그렇다면 안타깝게도 학생 대부분이 공부 습관의 중요성을 알면서도 습관을 만들려고 노력하지 않거나 심지어 시도조차 하지 않는다. 가장 큰 방해 요인은 공부에 대한 부정적인 태도였다. 초등학교 저학년 때는 대부분 공부에 대한 거부감이 없다. 오히려 몰랐던 것을 배우는 과정을 흥미롭게 생각하는 학생들이 많다. 하지만 학년이 올라가면서 학습 분량이 많아지고, 난이도도 높아지면 상황이 달라진다. 초등학교 고학년, 즉 5학년 정도만 돼도 공부가 어려운 것으로 바뀌고 조금씩 하기 싫어하기 시작한다. 중학생이 되고, 학년이 올라갈수록 공부에 대한 거부감은 더 커진다. 하지만 이때까지만 해도 공부를 조금 못하는 것이 그리 큰 문제로 느껴지지 않는다. 낮은 성적이 학교나 가정에서 심각한 문제로 다뤄지고 학생들이 심리적으로 힘들어하는 시기는 입시에 영향을 받는 중 3, 고 1~3 때다.

그제야 비로소 변화하고자 하는 의지가 생기고 주변에 묻기 시작한다. "도대체 공부는 어떻게 해야 하나요?"라고 말이다. 그래서 그들에게 '공부'라는 과정에서 '가장 기본이 되지만 누구도 제대로 안내해주지 않았던' 공부 습관을 만드는 방법을 알려주고 싶은 것이다.

일반적으로 습관은 만들기 어려우며 만든다 해도 오랜 기간이 걸릴 것이라고 생각한다. 그래서 학생이나 학부모에게 단기간에 공부 습관을 완성할 수 있다고 말하면 처음에는 반신반의한다. 이들을 위해 나는 지금까지의 컨설팅 경험을 바탕으로 '21일간' 실천할 수 있는 '공부 습관 만들기' 가이드를 제시하고, 그 기간 동안 조금씩 변화하는 자신의 모습을 느낄 수 있도록 했다. 이 방법을 적용하면서 21일을 보낸 학생들은 성적 향상을 체험하고 이후로도 꾸준히 실천했다. 이 학생들의 성공 경험을 이 책의 각 주제에서 충분히 알려주려고 노력했다.

아직도 막연한 공부 방법, 오르지 않는 성적 때문에 고민하고 힘들어하는 학생들이 많다. 우리나라의 입시 제도는 쉽게 바뀌지 않을 것이며 여전히 성적으로 그들을 평가할 것이다. 그래서 나는 그들에게 반드시 성적이 오르는 방법, 누구나 따라 할 수 있는 '21일 공부 습관 만들기'를 권한다. 그래서 그들이 꿈을 이루는 단계 중 하나인 '성적 향상'을 반드시 경험하길 진심으로 바란다.

이지원

2장 | 공부 습관이 공부의 모든 것이다

3장 | 유형별 실천할 수 있는 계획 만들기

4장 | 공부 습관을 완성하는 효율적인 학습 방법

1장

중위권과 상위권의 결정적 차이점

1 공부 마인드의 차이
자발적 VS 수동적

공부하고 싶은 마음은 있는데
왜 성적이 이것밖에 안 나올까요?

공부를 잘하고 싶어 하는 학생 이야기로 시작해보자. 만약 당사자가 공부를 하고자 하는 마음이 강하다면 주변 환경에 영향을 받지 않는다. 하지만 대한민국에 사는 보통 고등학생이 자발적으로 공부하고자 하는 마음을 갖는 건 쉽지 않다. 공부해야 하는 이유를 그 누구도 제대로 이해시켜주지 않기 때문이다. 외국에서는 초등학교나 중학교 때 왜 공부를 해야 하는지를 이해하도록 수업 시간에 알려주고 상담 선생님도 별도로 있다. 왜 공부를 해야 하는지를 마음으로 이해하지 않으면 10년이 넘는 시간을 무의미하게 보낼 수도 있기 때문이다. 또한 이런 문제 탓에 학교를 기피하는 학생이 생기므로 이해의 중요성을 잘 인식해야 한다. 하지만 한국의 학생은 공부를 왜 하는지도 모르면서 억지로 하고 있다.

단지 의무감 때문에 공부하는 학생은 누가 유혹하면 그쪽으로 쉽게 빠진다. 그들에게는 세상의 많은 것이 공부보다 더 흥미롭다. 특히 인터넷과 스마트폰이 학생들의 생활에 들어오는 순간 공부를 향한 흥미는 사라진다. 또한 학교라는 집단 사회 속에서 친구들과 어울리면 공부 외에 다른 것들도 신경 써야 하는 것도 현실이다.

하지만 공부가 재미있다고 생각하는 학생도 분명 존재한다. 또한 공부가 재미있진 않더라도 꾸준히 집중하는 학생도 우리 주변에는 꼭 있다. 우리는 그들을 상위권 또는 최상위권이라 부른다. 그들은 공부에 쏟은 시간과 노력을 성적으로 보상 받고 있는 중이다. 그들은 아무도 가르쳐 주지 않았는데 공부의 중요성과 재미를 어떻게 알고 있는 걸까?

작은 상상이
큰 결과를 만든다

　사람은 누구나 상상하기를 좋아한다. 상상 속에서 나는 만능이고 신과 같은 힘이 있으며, 발생하는 문제점을 매우 쉽게 해결할 수 있다. 물론 허무맹랑한 상상은 공상일 뿐이며 허무감만 안겨준다. 그러나 현실을 바탕으로 미래를 상상하는 것은 공부의 의미를 다시 새겨주므로 좋은 상상이다. 하루 5분이라도 좋다. 공부하는 시간에서 5분만 짬을 내 자신의 미래를 상상해보는 것은 어떨까? 상상을 현실로 만드는 것은 바로 지금 하고 있는 일에 최선을 다하는 것이라는 믿음을 품고서 말이다. 전교 1등이 되는 상상을 해보자! 만약 지금 전교 1등이라면 무엇을 하고 있겠는가? 이런 얘기를 고등학생에게 하면 대부분 비웃는다. 강연에서 이런 이야기를 들은 부모님이 집에 가서 자녀에게 1등이 되는 상상을 해보라고 권유하기도 하는데, 자녀들은 대부분 별 의미를 두지 않는다. 하지만 열 명 중 한 명은 진지하게 상상을 해본다. 이렇게 상상했던 학생들을 나중에 만나보면 공부에 대한 의지가 많이 높아졌음을 느낄 수 있다. 반드시 기억해야 한다. 성적이 상승한 많은 학생이 처음 공부하고자 하는 마음을 먹은 이유가 이런 상상 때문이었음을!

　공부가 즐거워지는 데에는 큰 변화가 필요하지 않다. 단지 5분의 상상만으로도 하루 동안 사용할 공부 의욕을 충전할 수 있다. 1년, 한 달을 위한 계획이나 마인드 변화가 아닌 1시간을 잘 보내기 위한 상상을 해보자. 1년, 10년은 지금 1시간을 어떻게 보내느냐에 달려 있음을 잊지 말자!

잭 캔필드의 《마음을 열어주는 101가지 이야기》를 보면 상상이 결과를 얼마나 바꿀 수 있는지에 대한 좋은 사례가 나온다.

베트남 전쟁에 참가했던 제임스 네스멧은 골프광이었다. 그러나 전쟁에서 포로로 잡혀 7년 동안 수용소에 갇혀 있어야 했다. 수용소에는 물론 골프장이 없었다. 게다가 네스멧은 독방에 갇혀 지냈다. 네스멧이 할 수 있는 것은 상상뿐이었다. 상상을 하며 매일 네 시간씩 머릿속으로 골프를 쳤다. 작은 독방에서 현실적으로 집중할 수 있는 일은 그것뿐이었기 때문이다. 전쟁이 끝나고, 네스멧은 석방되고 난 후 처음 골프장에 갔다. 그때 그는 70타를 쳐냈다. 그가 수용소에 갇히기 전에는 90타밖에 칠 수 없었는데 말이다. 상상을 하며 현실에 집중한 결과 20타나 줄일 수 있었던 것이다. 만약 네스멧이 미래의 일을 상상하면서 현실에 집중하지 않았더라면 골프 실력이 늘지도 않았을 것이고 물론 수용소 생활도 잘 견뎌내지 못했을 것이다.

따라 해라,
자발적으로

게임을 좋아하는 친구들이 많으니 게임과 비교해보자. 친구보다 게임을 잘하려면 어떻게 해야 할까? 우선 게임 시간을 늘려야 하고, 다른 사람들은 어떻게 하는지 인터넷을 검색하고, 프로게이머가 하는 것을 영상으로 보면서 따라 하려 할 것이다. 자신이 좋아하는 것은 누가 시키지 않아도 알아서 찾아보고 분석한다. 공부를 이런 방식으로 한다면 시험 점수는 당연히 상승하지 않을까?

상위권 학생은 어떻게 하면 공부를 잘할 수 있을지를 스스로 생각해본다. 자발적으로 공부에 대한 문제를 해결하려 하기에 좋은 결과를 얻을 수 있었던 것이다.

하지만 강요에 의해, 또는 어쩔 수 없이 공부하는 경우에는 자신에게 주어진 분량을 최대한 빨리 끝내려고만 한다. 학원 숙제가 대표적인 예다. 해야 한다는 것은 알지만 가능한 한 미루고 있다가 학원에 가기 전에 후다닥 한다. 숙제는 그날 배운 것을 제대로 이해했는지 확인하려는 단계인데 이렇게 하면 배운 것을 제대로 이해하지도 못할뿐더러 금세 잊어버린다.

공부는 누가 대신해줄 수 있는 것이 아니다. 좋은 강사나 교재가 내 공부를 대신해주지 않는다. 단지 나를 도와주는 '아이템'일 뿐이다. 아무리 좋은 아이템을 가지고 있더라도 내가 사용할 수 있는 레벨이 아니라면 큰 의미가 없다. 자신의 레벨을 높이는 가장 좋은 방법은 게임을 잘하기 위해 그랬던 것처럼 고 레벨의 노하우를 따라하는 것이다. 그들이 고민하고 실패한 내용들을 제대로 숙지한다면 그들보다 더 빨리 고 레벨에 도달할 수 있다. 다만 스스로 따라해야 한다. 그들의 노하우를 아는 것으로 끝나는 게 아니다. 공부도 마찬가지다. 그 시기에 나타나는 문제점을 미리 확인하고 대처할 수만 있다면 빠른 시간 안에 성적이 오른다. 어려운 요구일까? 선배나 상위권 학생들, 또는 학습법 전문가들이 얘기하는 것들을 자발적으로 확인해보자. 게임처럼 말이다.

자발적인 공부는 아무리 작은 요소라도 나의 공부 레벨을 높여줄 것이고, 좋은 아이템을 적절히 사용할 수 있는 힘을 줄 것이다. 작가였던 나폴레온 힐은 철강왕 카네기를 만날 기회를 잡았다. 카네기는 힐에게 성공한 사람들의 특징을 정리하는 책을 써볼 생각이 없느냐고 제의했고, 힐은 당시 최고의 부자를 앞에 두고도 무보수로 그 일을 하겠다고 수락했다. 스스로 호기심이 생겼기 때문이다. 힐은 성공한 사람들의 특징을 찾으러 다녔다. 무보수로 일을 시작한 힐은 어떻게 되었을까? 현재까지도 그의 이름을 딴 재단이 남아 있을 정도로 대단한 성공을 거두었다. 스스로 호기심을 갖고 성공한 사람의 특징을 따라했기 때문이다.

공부는 작은 변화만으로도 반드시 의미 있는 결과를 가져다준다.

▎ 미래에 대한 꿈과 목표는 지금의 나를 변화시켜 줄 수 있다.

▎ 스스로 하는 공부 1시간은 강제적으로 하는 공부 3시간보다 효과가 높다.

2 눈앞에 있는 보물, 학교 수업

고등학생들과 상담하다 보면 이런 질문을 자주 받는다. "학교 수업이 의미 없는 것 같습니다. 특히 기타 과목은 시간이 아까워요. 그 시간에 다른 공부를 하는 게 더 좋겠죠?"

이런 질문을 하는 학생의 80퍼센트 이상이 중위권이다. 그들은 마음이 급하다. 어떻게든 자신보다 성적이 높은 친구들을 따라잡으려고 안간힘을 쓴다. 하지만 그럴수록 집중력은 떨어지고, 불안감이 더욱 커지는 악순환을 겪게 된다.

반대로 최상위권이나 상위권의 학생들은 학교 수업에 대해 이렇게 말한다. "수업 시간에 다른 과목을 공부하면 집중이 되지도 않고, 어차피 시험을 봐야 하니 수업 시간에 집중해서 끝내려 해요."

결과는 뻔하다. 시험 기간이 되었을 때 마음만 급해 이것저것 정신없이 하는 중위권과 정리한 내용을 반복하면서 마지막 점검을 하는 상위권. 당연히 중위권은 비관적인 결과를 받을 수밖에 없다.

결론은 무조건 수업에 집중해야 한다는 것이다. 집중이 잘되지 않는다 하더라도 집중해야 한다는 생각을 계속 하면서 수업을 들어야 한다. 이런 마인드가 없다면 점수는 잠시 오를지 모르지만 등수는 그대로인 우울한 결과가 수능까지 이어진다.

배움의 시작은
학교 수업이다

학생은 하루의 대부분을 학교에서 보낸다. 즉, 공부에 관련된 모든 것이 학교에서 진행된다. 물론 학원이나 과외, 또는 독서실이나 집에서 공부하는 경우도 있지만 내신 성적만을 기준으로 볼 때 학교 수업은 공부 시간 대부분을 차지한다고 봐야 한다. 매일

5~6시간 동안 수업이 진행된다는 것은 새롭게 익혀야 할 것이 매일 추가된다는 뜻이다. 그렇기에 우린 매일 복습을 하고 부족한 부분을 보완한다.

이런 상상을 해보자. '만약 내가 수업에 집중해서 배운 내용을 완벽히 필기하고 복습할 내용까지 수업 시간에 표시해두었다면?'

대부분의 학생들이 이렇게 답변한다. "뿌듯할 것 같아요." "복습 시간이 줄어들 것 같아요." "자신감이 생길 것 같아요." 등등. 긍정적인 답변이 많다. 그런데 왜 하지 않을까? 바로 학교 수업을 지겹다고 생각하거나 학원이나 다른 곳에서 충분히 배운다고 생각하기 때문이다. 학교 수업에 집중한 자신의 모습을 상상해봐라! 그리고 상상한 모습이 현실이 되도록, 하루만 학교 수업에 집중해보자. 자신이 변화되는 게 느껴지기 시작하고 다른 친구보다 좀 더 빠르게 성장하고 있음을 깨닫게 될 것이다.

1등을 하는 친구를 하루만 관찰해보면 답이 나온다. 어쩌면 두 가지 모습을 볼 수도 있다. 학교 수업에 하루 종일 집중하는 모습이거나, 자신이 해야 한다고 생각하는 과목에는 엄청난 집중력을 가지고 공부하는 모습 말이다.

상위권은 학교 수업 시간에
복습한다

대부분의 학생들이 학원이나 과외, 인강 등을 통해 학교에서 배울 것을 미리 학습하는 '선행학습'을 하고 있다. 특히 선행을 안 하면 남들보다 뒤처질지도 모른다는 불안감 때문에 주요 과목에서의 선행을 의무라고까지 생각한다.

같은 선행을 하더라도 상위권과 중위권은 수업을 대하는 태도에서 큰 차이가 난다. 상위권은 배운 내용을 다시 정리하거나 확인하는 기회로 수업을 활용한다. 배운 내용을 다시 확인하면 그만큼 오랫동안 기억할 수 있음을 알기 때문이다. 하지만 중위권은 배운 내용이라며 집중하지 않는다. 하지만 그 배웠다는 것조차 완벽하지 않고 기초적인 내용만 알고 있을 뿐이다. 정말 좋은 기회를 날려 버리는 것이다.

내가 만났던 고등학생 대부분은 선행을 해야 한다는 생각을 하고 있었다. 그런데 선행을 하더라도 배운 내용을 복습하는 시간을 확보해야 효과를 얻을 수 있다. 하지만 학생들은 복습을 중요하게 생각하지 않았다. 이 문제점만 제대로 잡아줘도 성적은 크게 상승한다. 그만큼 요즘 고등학생들이 비효율적으로 공부하고 있다.

이미 완벽하게 알고 있다는 생각을 완전히 버려야 한다. 아무리 많은 것을 알고 있고 완벽히 선행했더라도 지금 내 앞에서 수업을 하는 선생님만큼 잘한다는 생각을 버려야 한다. 설령 학생이 선생님보다 그 과목의 내용을 더 안다 하더라도 시험 문제는 학생이 출제하는 것이 아니다. 문제를 출제하는 사람은 선생님이므로 수업에 반드시 집중해야 한다.

다시 한 번 확인하는 차원에서 학교 수업에 집중하라. 분명 시험에 출제되는 문제가 보일 것이다. 뿐만 아니라 내가 놓친 부분이 무엇인지 확인할 수 있는 좋은 기회다. 주변 친구들이 다른 과목을 몰래 공부하거나 영어 단어를 외우고 있더라도 불안해할 필요 없다. 그 친구들은 어차피 나중에 더 많은 시간을 투자해서 지금 배우는 내용을 확인해야 할 것이다. 수업을 복습의 기회로 삼는 것이 상위권을 뛰어넘는 계기가 된다는 사실을 알도록 하자.

학교 수업에 집중하는 학생이 가장 쉽고 빠르게 목표에 도달한다.

| 학교 수업은 시간 투자 대비 효과가 매우 높은 활동이다. 무조건 집중해라.

| 학교 수업에서 시험 문제가 출제된다. 선생님의 말투까지 유심히 살펴라. 남들보다 빠르게 시험 문제를 파악할 수 있을 것이다.

3 무엇을 공부했는지 기억나는가?

공부하는 이유는 여러 가지다. 얼마 전 컨설팅을 하다가 만난 학생에게 공부하려는 이유를 물어봤더니 동아리 동기 여자애를 좋아하는데 그 친구에게 잘 보이려면 공부를 잘해야 하기 때문이라고 답했다. 비록 오래갈 수 있는 이유는 아니었지만 오늘 하루라도 최선을 다할 수 있는 이런 마음가짐이 있으면 공부에 의욕과 재미를 붙일 수 있다.

어쨌든 이 학생에게 꼭 해주고 싶은 말이 있다. 바로 "무작정 공부만 한다고 효과가 나타나는 건 아니다"란 말이다. 열심히 공부하고 있지만 결과가 만족스럽지 않은 이유는 제대로 공부를 하지 않아서다.

제대로 공부하려면 공부를 하는 궁극적인 목적을 알아야 한다. 많은 학생들이 점수를 잘 받으려고 공부한다. 그렇기에 시험 기간에는 더욱 집중하고, 공부 양도 시험 보기 3주 전부터 급격히 증가한다. 하지만 시험을 치르고 나면 배웠던 내용이 일주일 만에 머릿속에서 사라진다. 고2 겨울 방학이 되어서 처음부터 다시 시작하거나 고3이 되어서도 '개념'을 잡는다고 다시 공부하는 이유가 바로 여기에 있다.

우리의 두뇌는 필요 없다고 생각하는 것은 바로 지워버리는 습성이 있다. 반대로 매우 중요하다고 생각하는 것은 한 번만 들더라도 기억에서 사라지지 않는다. 예를 들어 자전거 타는 방법은 한 번 배워두면 10년이 지난 후에도 자전거를 탈 수 있다. 이는 두뇌가 자전거를 타는 데 필요한 균형 감각을 중요한 것으로 인식하기 때문이다.

두뇌는 얼마나 자주 접했느냐에 따라 기억을 저장해야 할지 말지 판단을 내린다. 자주 접하지 않았던 내용은 필요 없다고 판단해서 기억에서 지운다. 만약 지금 배운 내용을 반복하지 않는다면 두뇌는 중요한 것이라고 인식하지 않는다. 당연히 오랫동안 저장할 필요성을 느끼지 않게 된다.

배운 내용을 정확히 이해하고 오랫동안 기억하는 것은 공부에서 매우 중요한 요소다. 그래서 배운 내용을 오랫동안 기억할 수 있는 방법으로 공부해야 한다. 단기간에 점수를 높이는 데에만 급급한 학생들은 중학교 때는 성적이 좋지만 고등학교 때는 성적이 급격히 떨어지는 현상을 겪게 된다. 이런 학생들은 대부분 중학교 시기에 더 점수가 잘 나왔기 때문에 그때 더 열심히 공부했었다는 착각을 한다. 그러나 사실은 제대로 공부하지 않았던 것이다. 진정한 공부는 눈앞에 있는 시험 점수만 잘 받기 위해서 하는 게 아니라 오랫동안 기억하기 위해서 하는 것이다.

손이
공부한다

메모는 기억을 오랫동안 유지하게 하는 좋은 방법이다. 사회적으로 성공한 사람들의 수기집을 읽거나 명문대에 입학한 대학생과 대화하다 보면 메모의 중요성을 다시 한 번 느끼게 된다. 이제까지 수업을 들을 때 메모를 하지 않은 학생이 있다면 반드시 메모하는 습관을 들여야 한다. 메모하지 않으면 수업 시간에 집중력이 급격히 떨어져 졸음이 온다든지 수업 내용이 아닌 잡생각을 계속 하게 된다.

수업 내용을 이해하고 있다고 생각하는 내용도 반드시 필기하는 습관을 들여야 하며, 가능한 한 많이 필기하는 것이 중요하다. 나중에 복습할 때 중요한 것과 그렇지 않는 것을 분류하더라도 수업 시간에 계속 손을 사용하는 행동은 기억을 오래 유지하는 매우 좋은 방법임을 명심해야 한다.

수업 내용을
그려봐라

복습할 때는 단순히 필기한 내용을 눈으로만 보지 말고 수업 장면을 머릿속으로 그려보는 것도 오랫동안 기억할 수 있는 좋은 방법이다. 사람의 머리는 글보다는 이미지를 더 쉽게 오랫동안 기억할 수 있다. 이런 방식으로 꾸준히 두뇌를 자극하면 두뇌가 배운 내용을 기억해야 한다는 판단을 하고, 우리가 원하는 장기기억으로 저장된다. 소설을 읽은 것과 그 소설이 원작인 영화를 본 상황을 비교해보자.

예를 들어 '호랑이와 한 소년이 망망대해서 작은 배를 같이 타고 다니는 이야기' 라는 줄거리를 읽은 것과 다음 사진을 비교해 봐라.

아마도 사진이 더 기억에 남을 것이고 이 영화를 봤다면 더욱 명확히 기억에 남을 것이다. 수업도 영화를 본다고 생각해라.

영화
〈라이프 오브 파이〉

오늘 배운 것은
오늘 복습하라

당장의 시험만을 잘 보려고 공부한다면 평상시에 특별히 시간을 내서 공부하지 않아도 된다. 시험 보기 3주 전부터 친구들이 필기한 내용이나 문제집 중심으로 공부하면 점수는 잘 나올 수 있기 때문이다. 그래서 중위권이라 불리는 학생들은 평상시에 특별히 공부하지 않는다. 하는 척을 할 뿐이다.

학습법 전문가의 강연이나 인터뷰를 들어본 사람들은 '학습 효율'이라는 단어를 많이 들었을 것이다. 평상시에는 많이 들어보지 못한 단어다. 하지만 학습을 얘기할 때는 매우 자주 등장한다. 학습법이 만들어진 계기도 바로 학습 효율을 높이기 위함이다. 짧은 시간을 공부하더라도 더 좋은 결과를 얻으려는 연구가 바로 학습 효율을 높이는 연구다. 우리나라뿐만 아니라 학습 효율을 높이려는 연구는 지금도 전 세계적으로 진행되고 있다. 독일의 심리학자인 헤르만 에빙하우스는 기억이 사라지는 간격을 연구하였다. 이 연구 결과를 간단히 정리하자면 어떤 일을 한 시간 학습한 후 10분 후에 복습하면 하루 동안 기억할 수 있고, 하루 후에 복습하면 일주일을 기억하며, 일주일 후에 복습하면 한 달을 가고, 한 달 후에 복습하면 6개월 이상 기억되는 장기 기억이 된다는 것이다. 나 또한 여러 연구를 했고 여러 나라에서 출간된 책들과 논문을 보고 결론을 내렸다. 학습 효율을 높이는 가장 확실한 방법은 '당일 복습의 원칙'이라는 것이 그것이다. 이 방법이 학습 효율을 높이는, 그리고 학생들이 바로 적용할 수 있는 최고의 학습 방법이다.

배운 것을 바로 내 것으로 만드는 당일 복습을 하지 않으면 진짜 공부가 될 수 없다.

가장 많은 것이 머리에 저장되어 있을 때 복습하는 게 가장 효율적인 공부다. 당일 복습이 내용을 기억에 넣는 가장 적절한 공부임을 잊지 말아야 한다.

| 진정한 공부란 배운 내용을 완벽히 내 것으로 만드는 활동이다.

| 장기간 기억할 수 있게 공부하는 것이 가장 효과적인 공부임을 기억한다.

| 수업 내용을 기억하는 나만의 방법을 완성하라.

| 당일 복습을 반드시 습관화하라.

4. 넘어졌으면 돌이라도 들고 일어서라

이 세상에 완벽한 사람은 존재하지 않는다. 다시 말하면 어떤 일이나 활동을 하다 보면 실수나 실패는 항상 나온다는 것이다. 성공한 사람들은 실패를 두려워해서는 안 된다고 한다. 실패는 성공하기 전의 필수 단계라는 말도 한다.

공부도 마찬가지다. 계획을 세우고 목표를 수립했더라도 누구나 한 번은 실패하게 된다. 하지만 실패를 어떻게 받아들이느냐에 따라 다음 공부가 바뀌게 된다. 고등학생들에게 학습 컨설팅을 하다 보면 계획을 수립해 놓고도 자꾸 계획대로 하지 않는 자신에게 실망감과 불안감을 느낀다는 말을 자주 듣는다. 자신의 의지가 약해서 나쁜 결과가 나왔다는 생각에 자기 탓을 하며 남들에게 쉽게 말하기도 어렵다. 그래서 불안감은 더욱 커진다. 앞서 말했듯이 상위권이나 중위권 모두가 그런 실패를 겪는다. 다만 실패를 어떻게 이겨내는가에 따라 결과의 차이가 발생한다.

문제점을 인정하는 것과 부정하는 것

수립한 계획을 제대로 지키지 못한 경우에, 상위권은 오히려 담담히 받아들인다. 보통 상위권은 계획에 맞춰 꾸준히 공부하고 있다고 생각하겠지만 그들도 종종 계획을 지키지 못한다. 하지만 그들은 계획대로 하지 못했다고 좌절하거나 걱정하기보다 실패를 인정하고, 자신이 왜 실천하지 못했는지를 다시 한 번 고민한다. 할 수 없는 양을 가지고 계획을 세운 것은 아닌지, 또는 다른 이유 때문에 우선순위에서 밀렸는지 등을 고민하고 그에 대한 해결책을 제시한다. 그리고 그 결론에 따라 계획을 수정하고 행동으로 옮긴다.

상위권은 보통 계획을 7~10일간 진행해본 후 계획을 점검하고, 문제점에 대한 고민을 한 다음 수정하고 다시 실천한다. 하지만 중위권이나 하위권은 계획을 실천하지 못했을 때 불안감만 느낄 뿐이지 고민하거나 수정하지 않는다. 오히려 처음부터 계획을 다시 짜서 시작하는 경우가 더 많다. 당연히 새로 바뀐 계획에서도 동일한 문제점이 나타나게 된다. 그들은 공부에 대한 열의가 부족한 점도 있었지만 계획을 제대로 세우지 못한 점도 있었기에 계획 자체를 포기하고 새로 짰다고 말한다. 정말 많은 중위권이 공부에 대한 열의를 가지고 계획을 수립한다. 많은 중위권들이 시중에서 다이어리나 공부 플래너를 구매한 뒤, 거기에 계획을 짠다. 하지만 대부분 한 달 안에 그것들은 책상 깊숙한 곳에서 먼지만 쌓인다. 예전에 세웠던 계획이나 실행 방법을 돌아보지 않고 새롭게 계획을 짜기 때문이다.

상위권은 문제가 발생했을 때, 앞으로 후회하지 않으려면 어떻게 행동해야 하는지를 고민하고 중위권이나 하위권은 어쩔 수 없었다는 이유로 더 이상 고민하지 않는다는 것이다.

상위권은 자신이 실천하지 못했더라도 비관적인 생각을 하지 않는다. 동일한 문제가 다시 발생한다면 어떻게 해결해야 할지를 고민하고 다시 실천하기에 한 단계 업그레이드 될 수 있었던 것이다. 그럴수록 점차 실천하기 쉽고 편한 계획이 만들어지게 되고 계획을 지키기도 쉬워진다. 당연히 자신감도 생기며 차츰 더 많은 양을 공부할 수 있는 계획으로 변하는 것이다.

하지만 중위권은 실패를 인정하는 것은 동일하지만 수정하진 않는다. 계획 자체가 잘못된 것으로 결론 짓고 다시 계획 수립 전의 모습으로 돌아간다. 보통 중위권은 계획을 수립할 때 공부 의욕이 가장 높다. 계획을 세웠다는 것은 공부 환경이 바뀌었거나 마음에 큰 변화가 있었다는 것을 의미한다. 즉 열심히 하고자 하는 마음이 넘치는 상태다. 하지만 계획을 제대로 지키지 못한 경우에는 이런 공부 의욕이 크게 떨어진다. '어쩔 수 없다' 라는 비관과 '그냥 이대로 살자' 라는 생각을 하게 되며, 포기하게 된다. 문제점을 극복하려는 의지보다는 포기하거나 환경 탓으로 돌리는 약한 모습이 반복되는 것이다. 예전으로 돌아가면 몸은 편할지 몰라도 공부에서 가장 중요한 마음에 큰 상처를 입는다. 자기 자신에 대한 신뢰감과 믿음이 줄어들면서 또 다른 상황에서도 쉽게 포기하는 경향이 생긴다.

중위권이 상위권으로 올라갈 수 있는 방법 중 하나가 실패했을 때 포기하거나 걱정하지 말고 계획을 수정해서 실천해보는 것이다. 문제를 받아들이고 다시 이어나간다면 충분히 상위권을 따라잡을 수 있는 몸과 마음을 갖게 될 것이다. 실패했을 때의 작은 차이점이 결국은 돌이킬 수 없는 큰 결과를 가져온다는 것을 잊지 말아야 한다.

실패는 또 다른 성장 기회를 제공한다.

▎공부 계획 7일 후 반드시 계획을 점검하고 현실에 맞게 수정하라.

▎실패는 극복하는 것이 아니라 수정하는 것이다.

5 믿을 것은 오로지 자기 자신뿐

 제 자신을 믿는다고 뭐가 바뀔까요?

얼마 전 유명 스포츠 선수가 인터뷰에서 이런 말을 했다. "나는 일반 사람들이 생각하지 못할 정도의 훈련을 소화해내고 있다. 이런 훈련량이 있어야만 자신감을 유지할 수 있다. 자신감은 실전에서 안정적인 페이스를 유지시켜주는 나만의 유일한 무기다." 자신감은 자기 자신에 대한 믿음이다. 이런 자신감을 유지할 수 있다면 주변 환경에 흔들리지 않는 나를 만들 수 있다. 공부도 마찬가지다. 공부에 대한 자신감이 있으면 공부가 즐거워진다. 재미없는, 의미 없는 활동이 아니라 새로운 것을 배우고 즐기는 활동이

되는 것이다.

하지만 일반적인 고등학생이 누군가의 도움 없이 스스로 공부 자신감을 얻기는 쉽지 않다. 그럼에도 자신감을 조금씩 만들어 가는 학생들이 있다. 당연히 그들은 점점 상위권으로 진입하고 유지하기 시작한다. 그들이 자신감을 만들어가는 과정을 따라만 할 수 있다면 충분히 상위권으로 진입하는 공부 마인드와 도전 의지를 얻을 수 있을 것이다.

자신을 믿는 습관부터 만들어라

학생들과 대화하다 보면 자기 자신에 대해 부정적인 생각을 하는 경우를 많이 발견한다. 의지가 부족하다거나, 실수를 많이 한다거나, 집중력이 떨어진다는 등 공부와 연관된 능력에 대한 신뢰도가 매우 낮다. 어쩌면 남들에게 보여줄 수 없는 자신의 모습이 있기에 더 비관적인 감정을 가지는지도 모른다. 사실 누구나 자신만 아는 비밀이 하나쯤은 있지 않은가? 그 비밀이 다른 사람이 알면 치명타가 될 수 있는 것이라면 더더욱 감추려고 노력할 것이다. 그러면 혼자 문제점을 해결해야 하므로 시간과 노력이 더 많이 들게 된다.

　문제는 이런 비밀 탓에 자신에 대한 믿음과 신뢰가 줄어든다는 것이다. 이런 문제점을 없애는 것은 불가능하지만 불안감을 줄일 수 있는 방법은 있다.

　누구에게나 문제점은 있다. 반대로 누구나 공부에 필요한 장점 하나씩은 가지고 있다. 내가 가지고 있는 능력 중 장점이 될 만한 것을 찾는 것이 가장 먼저 시작해야 할 행동이다. 작지만 남들과 비교할 정도 또는 남들에 비해 우수한 능력은 분명 누구에게나 존재한다. 그것을 본인이 인정하느냐 그렇지 않느냐의 차이일 뿐이다. 만약 타인에 비해 장점이 없다고 계속 생각 한다면 끝까지 패배자로 남을 수밖에 없다. 내가 만난 학생 중 학교 폭력 전과 때문에 학교를 자퇴한 학생이 있었다. 누구나 이 학생을 문제아라고 생각했고 어린 나이지만 공부를 포기하고 일을 시작하는 것이 어떠냐라고 말하는 사람도 있었다. 하지만 내가 이 학생을 만났을 때 느꼈던 것은 모든 과목을 싫어 하는 것은 아니라는 것이었다. 이 학생은 의외로 역사 수업을 좋아했고 시험공부는 하지 않았지만 본인이 들었던 수업 내용을 기억하고 있었다. 결과적으로 이 학생은 어린 나이에 취업을 했지만, 모두가 문제아라고 생각하는 학생 또한 공부에 필요한 작은 장점을 가지고 있었다는 점을 주목해야 한다. 만약 이 학생이 학업을 유지하는 것으로 마음먹었다면 ‘역사에 대한 흥미를 기반으로 조금씩 공부 쪽으로 재미를 붙일 수 있지 않았을까?’ 하는 생각이 들곤 한다.

나 자신을 인정하고 칭찬하는 건 공부 자신감을 만드는 데에서 매우 중요하다. 분명 내 능력 중 인정받을 수 있는 것이 있다. 스스로 인정하고 받아들이는 마음가짐이 공부의 시작점임을 잊지 말아야 한다.

쓰레기 더미에도 꽃은 핀다

공부를 하다 보면 자기 생각과는 다른 결과를 얻는다거나 노력하는 과정을 제대로 끝내지 못하는 경우가 종종 발생한다. 우리는 이때 실패했다고 말한다. 하지만 결과는 실패라 할 수 있더라도 과정은 그렇지 않다. 분명 최선을 다한 순간이 있었을 것이다. 그 순간을 잊지 말고 다시 생각해야 한다.

공부는 작은 것이 변하면서 결국 크게 변화한다. 계속적인 실패라 하더라도 그 안에 분명 노력한 것들이 있을 것이다. 그 작은 것이 변화했음을 스스로에게 칭찬해줄 필요가 있다. 이런 행동이 다시 도전할 힘을 줄 것이다.

명문대를 진학한 학생들을 보면 대부분 자신에 대한 믿음이 크고 자신감이 있다. 자신에게 만족하고, 자신을 믿는 행동이 결국은 남들이 부러워하는 장점이 되고, 상위권이 될 만한 힘을 가져다준 것이다.

　어떤 경우라도 자신을 믿고 응원해주는 마인드가 필요하다. 그런 경험이 자신감이 되고, 실패하더라도 다시 일어설 수 있는 힘이 된다.

| 자신에 대한 믿음과 신뢰는 성적 상승을 위한 기본 능력이다.

| 실패는 포기로 유혹한다. 하지만 내 자신을 믿고 있다면 다시 도전할 힘이 생긴다.

| 상위권은 가지고 있는 능력이 다양하다. 하지만 그들도 불안해하는 것은 동일하다. 차이는 자신만의 장점을 스스로 인정하고 있다는 것이다.

6 공부, 시간보다 습관에 신경 써라

학생들은 흔히 공부 시간을 늘려야 성적이 오른다고 잘못 생각하고 있다. 물론 공부 시간을 늘리면 성적이 오를 가능성이 매우 높은 건 사실이다. 하지만 공부 시간을 늘렸다고 해서 반드시 성적이 상승하는 것은 아니다.

공부 시간을 늘렸으나 성적이 상승하지 않는 경우도 흔히 볼 수 있다. 특히 고3 때는 공부 시간을 늘려도 성적이 올라가지 않아서 끝내 특정 과목을 포기하는 학생을 심심치 않게 목격한다.

왜 공부 시간을 늘리고 예전보다 더 열심히 하고 있는데 성적
이 오르지 않는 걸까?

모두들
열심히 하고 있다

일반적으로 학생들의 공부 시간 변화에는 특정 패턴이 존재한
다. 시험 기간이나 고3이 되면 공부 시간이 늘어난다. 하지만 이
런 시기에는 나뿐만 아니라 다른 학생도 공부 시간을 늘렸다는 것
을 명심해야 한다.

공부를 꼭 해야 하는 시기에 열심히 한다고 눈에 띄게 성적이
상승하지 않는다. 모두가 열심히 할 때는 열심히 하는 것이 당연
한 것이다. 이 시기에 최선을 다했는데 결과가 부정적이라 말하는
학생의 공부 시간을 확인하면, 평상시에는 상위권에 비해 공부 시
간이 적다는 것을 알 수 있다.

시험 기간이 아니거나 압박을 받지 않는 시기에 공부 시간을
늘려야 다른 학생과의 차별성이 생긴다. 성적은 공부 누적 시간에
따라 변한다. 만약 중위권 학생이 상위권을 따라잡겠다는 마음을
먹었다면 적어도 상위권이 공부에 투자하는 시간 이상은 아니더
라도 그 수준까지는 투자해야 가능성이라도 생긴다.

성적을 올리고 싶다는 생각은 학생이라면 누구나 한다. 하지만

머리로는 생각하지만 정작 행동으로 옮기지 않는 학생이 많다. 행동으로 옮길 수 있다면 누구나 분명 성적은 상승할 것이다.

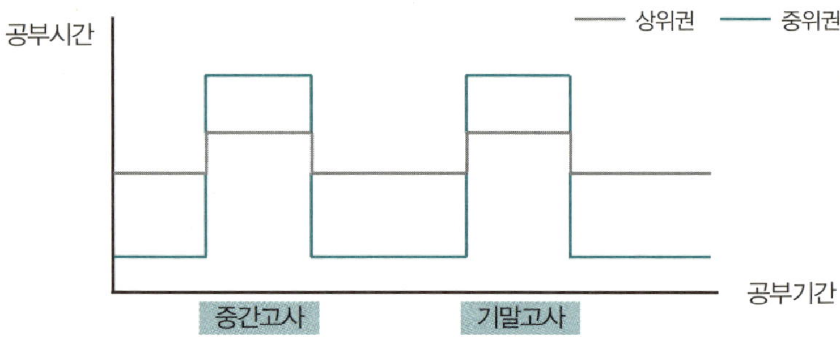

| 상위권 · 중위권 공부시간 비교 |

습관을 만들면
시간은 따라온다

공부 시간을 늘리는 데에서 가장 중요한 것은 공부 습관을 만드는 것이다. 갑자기 주변 환경이 변하거나 어떤 충격을 받아 공부에 대한 마인드가 바뀐 게 아니라면 습관을 만드는 것이 공부 시간을 늘릴 유일한 해답이다.

명문대에 진학하거나 뛰어난 업적을 남긴 많은 사람들이 그들만의 환경적 요인이나 계기가 있었다고 말한다. 어떤 이는 가난을 이겨내고자 마지막으로 선택한 것이 공부라고 말한다. 어릴 때 부모님이 공부에 대한 흥미를 만들어주었거나, 선생님이나 선배, 멘토 등 주변 사람에게 영향을 받은 경우도 있다. 하지만 이런 특별한 계기가 없었던 사람들은 모두 공부 습관을 만들었던 그 순간부터 인생이 바뀌기 시작했다.

학생들의 공부법을 연구하며 성적이 갑자기 상승한 경우도 찾아보았는데 대부분 공부 습관이 만들어진 시점부터 성적이 올랐다. 공부 습관이 만들어지는 21일부터 공부 시간 또한 상승하는 그래프를 보인다.

막연히 공부 시간을 늘리려는 생각만으로 계획을 수립하면 100퍼센트 실패한다. 공부 습관을 만드는 계획을 어떻게 수립할 것인지 고민하는 것만이 성공을 부른다.

| 성적을 올리고 싶다면 자신의 흐름을 깨라.

| 공부를 반드시 해야 하는 시기가 아닐 때 공부 시간을 한 시간 늘려라.

| 습관을 형성하려는 공부 계획을 수립해야 성공 확률을 높일 수 있다.

7 멀리 가려면 함께 가라

주변 친구들을 이기지 못하면
제 성적은 상승하지 않는 것 아닌가요?

예전에 인터넷에서 이런 글을 본 적이 있다.

영국의 한 신문사에서 '영국 끝에서 런던까지 가장 빨리 가는 방법은?' 이란 내용으로 현상 공모를 낸 적이 있었습니다. 이 물음에 여러 독자들이 비행기, 기차, 지름길 등 여러 가지 교통수단과 방법으로 응모했지만 최종 선정된 방법은 바로 '좋은 친구와 함께 가는 것' 이었습니다. 정말 좋은 친구와 연인, 또는 가족과

즐겁게 이야기를 나누며 가는 여행이라면 어떤 길과 거리를 가
든 즐거운 여행이 될 수 있습니다.

공부에도 장거리 여행과 비슷한 원리가 작용한다. 혼자 하기에
부담스럽거나 힘들다 생각하면 함께 가는 것이 더 유리하다. 특히
의지가 부족하다고 생각하는 경우, 함께 하는 것이 실패 확률을 낮
춘다.

스터디 그룹은
짧고 가볍게

스터디 그룹은 상위권보다 중위권에서 활동이 더 잦다. 혼자서
하는 것이 익숙하고 편한 상위권은 굳이 그룹을 지어서 공부할 의
미가 없다.

스터디 그룹은 보통 교재를 공통으로 선택해서 진행하며, 수준
이 비슷하기 때문에 부족한 부분을 같이 해결함으로써 즐거움을
느낀다. 그러나 초기에는 의욕이 넘쳐서 열심히 하지만 시간이 흐
를수록 의욕이 떨어지거나 다른 학습을 하느라 흐지부지되는 경
우가 많다. 이때 몇 가지 주의사항만 지킨다면 효과적인 스터디
그룹을 운영할 수 있다.

❶ 인원은 3∼4명으로 정하라.

4명 이상은 관리하기 어렵다. 사람이 많으면 누가 열심히 하지 않아도 티가 나지 않기에 쉽게 포기하고 탈락할 확률이 높다. 가장 이상적인 인원은 3∼4명이며 이 인원 정도면 서로가 감시와 도움을 줄 수 있기에 스터디 그룹을 유지하기 좋다.

❷ 모임은 가능한 짧게

한 번 모였을 때 오랜 시간을 투자한다고 좋은 모임이 되는 것이 아니다. 스터디 그룹에서 가장 중요한 것은 스스로 공부한 내용을 보여주고 서로의 문제점을 보완해준다는 취지다. 가능하면 한 시간 이내로 모임을 끝내는 것이 중요하며 서로 약속한 분량이나 정리를 다 해 왔다는 가정하에서 문제점 토론이나 질문만 하고 끝내는 것이 오랫동안 유지하는 방법이다.

❸ 한 과목만 진행

스터디 그룹에서 여러 과목을 동시에 진행하는 경우가 있는데 이러면 스터디 그룹이 쉽게 해체될 가능성이 높다. 과목이 많으면 스터디 그룹에 시간 투자를 많이 해야 하는데 그만큼 부담도 커지며, 결국 부담 때문에 다른 공부 방법으로 바꾸고자 하는 유혹이 생긴다. 한 과목이라도 제대로 끝내는 것이 스터디 그룹이 가져야 할 미션이다. 처음은 가볍게 시작하면서 서로의 실력을 확인하고 적응해 나가는 것이 좋다. 스터디 그룹 운영에 확신이 들었을 때 과목을 늘리는 것이 좋은 방법이다.

❹ 기간은 짧게, 목표도 작게

학습 기간을 길게 잡고 스터디 그룹을 운영하면 모임에서 자주 빠지는 친구가 생기고 서로 보완해주는 것에 부담이 커져서 모임을 중간에 포기하게 된다. 2~3주 정도 운영하는 것을 목표로 해서 같이 공부할 내용은 하루 1시간 분량으로 진행하는 것이 좋다. 짧은 기간 동안 운영하면서 서로의 단점을 보완해주고 효과가 있다는 결론이 날 경우에는 다시 2~3주 동안 다른 목표로 진행하는 것이 효과적인 스터디 그룹을 운영하는 방법이다.

가족을 공부의 동반자로 만들어라

많은 중·고등학교 학생이 부모가 잘 알지도 못하면서 잔소리만 늘어놓는 존재라 생각한다. 특히 중위권 가정은 공부에 관해 서로에 대한 믿음이 없기에 가능한 한 싸우지 않으려는 노력을 하는 게 전부인 경우가 많다.

하지만 상위권을 관찰해보면 학생들과 부모와의 관계가 신뢰로 형성되어 있다는 느낌을 받는다. 당연한 생각이지만, 상위권은 본인이 알아서 공부하니까 부모가 관여하는 일이 적기 때문일 것이다.

부모가 공부의 관리자는 될 수 있다. 하지만 지배자가 되면 싸움이 생긴다. 이는 학생의 학습 의욕을 떨어뜨린다. 만약 학생이 스스로 공부를 해야겠다는 마음을 먹었다면 가족에게 도움을 요청해야 한다. 스스로 억제할 수 없는 것들을 주변에서 막아준다면 그만큼 여러 유혹을 쉽게 이겨낼 수 있기 때문이다.

공부에 가장 방해되는 것이 무엇인지 학생들에게 물어보면 대부분 핸드폰과 컴퓨터라고 얘기한다. 부모님에게 물어봐도 동일하게 답한다. 모두가 알고 있지만 이 방해 요소를 제거하는 것은 쉽지 않다. 만약 학생이 먼저 공부할 때 핸드폰을 잠깐 부모님께 맡겨 두거나 컴퓨터의 사용 시간을 줄이려는 노력에 대해 얘기한다면 부모님은 적극적으로 도와줄 수 있다. 하지만 부모님이 먼저 얘기를 꺼낸다면 싸움으로 끝나게 된다.

공부하기로 마음을 먹었다면 과감하게 방해되는 물건들을 멀리하는 것이 필수다. 마음을 먹었을 때가 부모님께 말해야 하는 타이밍이다. 학습 컨설팅을 받은 학생 중 부모님과 핸드폰과 컴퓨터 사용에 대해 상의한 학생들은 공부 습관이 다른 학생에 비해 빠르게 자리 잡았다. 부모님을 이럴 때 제대로 이용해보길 바란다.

영원한 내 편은 가족이다. 공부 의지가 떨어졌을 때 가족은 날 끌어주는 가장 믿음직한 동반자임을 잊지 말아야 한다.

| 혼자 공부하는 것이 정답은 아니다.
| 함께 공부함으로써 나의 의지를 뛰어넘는 계기를 만들어라.
| 가족은 나의 흔들림을 잡아주는 최고의 무기다.

2장

공부 습관이
공부의
모든 것이다

1. 공부 습관이란 무엇인가?

얼마 전 방송국에서 인터뷰를 했다. '공부 잘하는 법'이라는 주제를 가지고 15분 동안 얘기하는 자리였는데 그 15분 중 10분을 공부 습관에 대해 얘기했다. 나는 공부 잘하는 법을 알려주려고 성공한 학생과 실패한 학생을 모두 분석해본 적이 있다. 결국 '공부 습관'이 제대로 잡혀 있느냐 그렇지 않느냐에 따라 결정된다는 사실을 알았다. 사실 공부 습관이 중요하다는 것은 학생들이 더 잘 알고 있다. 그러기에 학생들이 가장 많이 하는 질문 주제 중 하나가 바로 공부 습관 만들기다.

공부를 마음먹은 대로 할 수 있다면 학생들의 스트레스 중 80퍼센트가 없어질 것이다. 또한 학교 폭력이나 왕따와 같은 문제도 발생하지 않을 것이다. 밖으로 표출할 불안감이 없어지기에 '문제아'라고 불릴 만한 행동을 할 필요 또한 없어지기 때문이다. 하지만 불행하게도 우리나라 대다수 학생들은 공부를 열심히 하고자 하는 마음은 있지만 행동으로 연결하지 못한다. 생각과 행동이 다르면 심리적 압박과 스트레스를 많이 받는다. 내가 만났던 많은 학생들이, 특히 자신이 중위권이라 말하는 학생들이 생각과 행동의 괴리 때문에 공부에 대한 불안감을 많이 느낀다. 만약 그들이 선행학습을 하는 시간을 잠깐 투자해 공부 습관을 만드는 과정에 참여한다면 어떻게 될까? 난 그의 미래가 바뀔 것이고, 공부에 대한 흥미가 생길 것이라 단언한다.

공부 습관을 만들고자 하는 마음은 학생이라면 누구나 가지고 있다. 성적이 높고 낮음을 떠나 모두 지금보다 공부를 잘해서 결국 목표로 하는 대학에 진학하고 싶다. 하지만 목표로 정한 대학에 진학하는 학생은 전체 학생 중 10퍼센트도 되지 않을 정도로 적다.

왜 90퍼센트의 학생은 자신이 목표로 정한 대학에 진학하지 못할까? 반대로 10퍼센트의 학생들은 무엇이 달랐기에 목표에 도달할 수 있었을까? 바로 '공부 습관'의 차이에서 그 해답을 찾을 수 있다. 자신만의 올바른 공부 습관이 있는 학생은 매일 꾸준히 공부 시간을 유지하면서 누적 학습량이 많아지게 된다. 또한 공부 습관 덕분에 이해도가 높아지고 학습 속도는 자연스럽게 빨라지므로 다른 학생보다 빠르게 성적이 상승한다.

오랜 기간 동안 학생들을 관찰하면서 느낀 것 중 하나가 공부에 유리한 머리를 타고난 학생이 있다는 것이다. 남들보다 적은 시간을 투자하면서도 결과는 더 좋게 나타나는 학생들을 볼 때면 나 역시 그들이 부럽다. 우리는 그들을 '영재'라고 부른다. 하지만 모든 영재가 좋은 결과를 얻는 것은 아니다. 선천적으로 공부에 적합한 머리를 가지고 있더라도 실패하는 경우도 많다.

영재라 불리는 학생 중 많은 학생이 중학교 때 자신의 머리만 믿고 노력하지 않는다. 노력하지 않아도 좋은 결과를 얻는 것에 익숙해져서 노력 자체를 하지 않는 습관이 몸에 밴 것이다. 하지만 고등학교에 진학한 후에는 머리가 좋은 학생이 노력하는 학생에게 조금씩 뒤처지게 된다. 신은 공평하게도 공부에 유리한 머리를 주셨지만 동시에 '자만심'도 같이 주셨다. 많은 영재가 노력하지 않아도 쉽게 경쟁에서 이길 것이라고 자만한다. 그들은 결코 노력하지 않는다. 당연히 시간이 흐를수록 결과는 참담할 수밖에 없다. 내가 아는 한 학생은 수업만 듣고도 중학교 때 전교 4등을 했다. 하지만 고1 때 그는 반에서 12등을 했다. 문제는 학년이 높아질수록 등수가 계속 떨어졌다는 것이다. 똑똑한 머리만 믿고 노력을 하지 않았기 때문이다.

반대로 머리가 뛰어나지 않더라도 꾸준히 노력하는 학생은 좋은 결과를 얻는다. 매일 꾸준히 노력한 것들이 조금씩 쌓이면서 결국 최고가 된 사례는 매우 흔하다. 나는 이런 경우의 학생들을 분석하면서, 꾸준한 노력 덕분에 자연스럽게 만들어진 공부 습관이 성적 상승의 핵심이라는 것을 깨달았다. 또한 명문대를 진학하는 많은 학생들이 어릴 적 머리가 뛰어나다고 칭찬받던 영재가 아니라 꾸준히 노력한 학생이라는 점에서 공부 습관이 명문대 진학에 유리하다는 것 또한 알 수 있다.

습관이 만들어지면 학생들은 공부 환경에 변화가 오더라도, 즉 공부를 방해하는 유혹이 주변에 있더라도 꾸준히 공부할 수 있는 힘이 생긴다. 주변 환경에 흔들리지 않는 몸이 만들어짐으로써 그들은 자연스럽게 유혹을 이길 수 있게 되고, 결과로 나타난다. 이 결과가 다시 힘을 주므로 더 열심히 하게 되는 선순환 구조가 만들어진다. 결국 공부의 재미가 더욱 커지는 것이다.

올바른 공부 습관을 만든다는 것은 공부의 모든 것을 얻는 것이라고도 말할 수 있다. 하지만 공부 습관을 만드는 데는 많은 실패가 뒤따른다. 그러기에 중간에 포기한 학생이 90퍼센트에 이르고 10퍼센트만이 성공하는 것이다.

습관이란 자신의 의지와 상관없이 자연스럽게 행동으로 나타나는 단계를 말한다. 친구와 싸워 공부할 기분이 아니더라도 자연스럽게 책상에 앉게 만드는 것이 바로 습관이다. 사실 나이가 어릴수록 효과적으로 공부 습관을 만든다. 그때는 공부 난이도가 높지 않기에 공부에 흥미를 갖기 쉽고 부모의 의견을 따라 쉽게 행동으로 옮기기 때문이다.

공부 습관은 공부에 재미를 느낄 때, 배운 내용을 바로 적용하면서 효과를 느낄 때 쉽게 만들어진다. 하지만 중학교나 고등학교로 올라오면 배운 내용이 쉽게 이해되지 않기 때문에 공부에 대한 흥미를 만드는 게 쉽지 않다. 흥미를 얻기보다 오히려 잃는 경우가 더 많은 것이 현실이다.

공부 습관이 만들어지는 과정은 어려울 수 있으나 한 번 만들어두면 오랫동안 유지된다. 지금이라도 자신에게 적합한 공부 습관을 만든다면 다른 친구보다 더 빠르게 성적을 올릴 기회를 잡은 셈이다.

공부 습관을
만들었을 때의 장점

❶ 집중력이 꾸준히 유지된다.

습관이란 몸이 자연스럽게 받아들이는 상태를 말한다. 매일 반복적으로 하는 행동은 힘을 크게 들이지 않고도 자연스럽게 유지된다.

이런 습관은 공부하는 데 소모되는 힘을 크게 아껴주고, 그만큼 집중력도 오래 유지할 수 있다. 당연히 투자 시간 대비 효과도 높게 나타난다.

❷ 공부 성취감이 크게 상승한다.

공부 습관이 만들어지면 공부 시간이 꾸준히 유지된다. 흔들림 없이 공부 시간을 유지하는 건 상위권으로 도약하거나 현재의 실력을 더욱 탄탄히 만들어주기 위한 기반이다. 공부 시간 유지 덕분에 만족감과 자신감은 상승한다. 시험이 불안하지 않고 기대가 된다면 어떨까? 공부 습관이 형성되고 나면 시험은 더 이상 불안한 것이 아니라 그 동안의 노력에 대한 보상을 가져다주는 최고의 선물이 된다.

❸ 새로운 학습을 기대하게 한다.

대부분 새로운 학습을 시작할 때 부담감과 거부감이 들게 마련이다. 새로운 것을 배운다는 것은 그만큼 공부할 내용이 많아진다는 뜻이기 때문이다. 만약 공부 습관이 생긴다면 새로 배우는 내용을 어떻게 복습해야 할지 이미 알기 때문에 부담이 크게 준다. 그렇기에 수업에 더욱 집중하고 흥미를 갖는다. 새로운 학습에 거부감이 아닌 기대감이 든다면 이미 그 학생은 최고가 되는 단계로 접어들었다 말할 수 있다.

❹ 미래를 예측하는 힘을 얻게 된다.

학생들 대부분이 자신의 진로를 고민하지만 뚜렷한 방향을 잡는 것이 어려운 게 현실이다. 공부 습관이 만들어지면 자신이 좋아하는 과목이나 흥미 있는 과목이 보이기 시작한다. 이를 바탕으로 자신의 진로를 확인할 수 있다. 진로를 결정하는 과정에서는 주변의 추천이 아닌 본인이 가장 흥미 있어 하는 분야를 찾는 것이 중요하다. 공부 습관을 만들고 나면 난이도가 높아지더라도 흥미가 떨어지지 않는 과목을 정확히 파악할 수 있다. 그 과목을 바탕으로 진로를 알아본다면 남들보다 더 빠르게 미래를 예측할 수 있을 것이다.

2. 공부 습관을 만들 때 반드시 알아두어야 할 것

공부법에 대한 연구와 검증을 할 때마다 의문이 들었던 것이 "왜 공부를 많이 하더라도 불안감이 없어지지 않을까"였다. 명문대를 진학한 학생과 공부에 대해 토론을 하다가 그들의 공부 시간은 상상할 수 없을 정도로 많았지만 이 정도면 충분하다는 만족감을 얻진 못했다는 걸 알 수 있었다. 한 번은 수능 전과목 만점을 받은 학생과 얘기했는데, 그 또한 수능을 보기 전날까지 불안했고 더 많은 시간을 공부에 투자하지 못했음에 아쉬워했다고 한다. 모의고사에서 만점을 받았을 때도 나중에 실수로 틀릴 수 있다는 불안감 때문에 공부를 더 많이 하려고 노력했다고 한다. 나는 이런 학생들의 불안감을 만점 콤플렉스라 부른다. 무조건 만점이 나와야 한다는 압박감에 그들은 불안하다.

일반 학생들은 만점이 아닌 공부 습관이 제대로 형성되어 있지 않았다는 데에 더 큰 불안감을 느낀다. 많은 학생들이 현재 공부 방법에 불만이 있거나 불안해하고 있다. 그 불안감을 떨치고자 다양한 시도를 하지만 결국은 실패해서 불안감은 더욱 커지는 악순환이 반복되고 있었다.

문제는 머리에서 생각한 방법을 몸이 만족할 만큼 따라가지 못한다는 것이었다. 이때도 역시 1장에서 말한, 상상하는 능력이 큰 힘을 발휘한다.

머리는 미래를 생각한다. 원하는 대학에 합격한 나, 이번 시험에서 점수가 크게 상승한 나, 이런 나의 모습을 상상하면서 미래를 긍정적으로 생각하고 기대감을 갖는다. 이런 생각에 의해 현재 자신의 문제점을 발견하고 해결하고자 하는 의지가 생긴다. 미래에 대한 상상을 하지 않는 학생은 현재의 자신을 변화시키고자 하는 마음조차 갖기 어렵다. 이런 상태라면 스스로 변화하기에는 무리가 있다. 주변에서 도와줘서 조금씩 변화하지 않으면 공부 의욕이 생기지 않는다.

우리가 주의 깊게 봐야 할 점은 공부 의욕이 자신의 미래를 긍정적으로 상상하는 과정에서 나타난다는 것이다. 아무리 현실이 불안하고 길이 보이지 않더라도 자신의 미래를 긍정적으로 바라볼 수 있다면 새롭게 시작할 힘을 얻을 수 있다. 반대로 자신의 미래에 대해 부정적인 생각을 갖고 있으면 현실의 문제를 극복하고자 하는 마음조차 사라지고 부정적인 모습을 외부에 노출시키지 않으려 노력하게 된다.

머리가 긍정적인 미래를 생각하고 현재를 변화시키고자 하면 바로 몸에게 메시지를 보낸다. 메시지가 전달되면 몸은 반응하기 시작한다. 여기서 중요한 것은 머리가 어떻게 정리해서 몸으로 보내느냐에 따라 몸이 얼마나 꾸준히 움직일지 결정된다는 것이다. "오늘부터 열심히 해야지!"라는 메시지와 "매일 3문제씩 꾸준히 풀어야지"라는 메시지는 큰 차이를 보인다. 추상적인 메시지를 받으면 몸은 일시적인 반응만 보일 뿐 유지하려 하지 않는다. 하지만 구체적인 방법을 알려준다면 몸은 꾸준히 하려 한다.

몸은 익숙한 것을 좋아한다. 자신이 원래 하던 행동을 좋아하며, 바뀌는 것을 매우 귀찮아한다. 그래서 머리에서 특정 메시지를 주더라도 가능한 한 변화하지 않으려 한다. 그리고 머리가 조금만 나태해지면 바로 예전으로 돌아가려고 한다.

공부 습관을 만들 때는 항상 머리와 몸의 싸움이 진행된다. 머리는 행동의 변화를 몸에 요구하고 몸은 처음에는 하는 척 하다가 다시 예전으로 돌아가려 한다. 머리가 몸을 이기면 습관이 만들어지고 몸이 이기면 예전의 모습으로 돌아가는 것이다. 공부 습관을 만드는 데 필요한 것은 머리가 이길 수 있도록 도와주는 것이다. 몸에게 지시할 때는 구체적이고 처음에는 쉽게 받아들일 수 있는 목표로 설득하는 것이 좋다.

자신이 누구인지 알고 있는가?

공부 습관을 만들 때, 자신의 현재 상황이나 능력을 제대로 파악하고 시작하는 것이 중요하다. 다른 학생과의 경쟁의식이 강해진 상태에서 계획을 짜는 경우, 주변의 눈치를 보며 계획을 무리하게 수립해서 진행하려 한다. 이러면 대부분 실패로 이어진다. 공부를 전혀 하지 않았던 학생이 갑자기 하루에 10시간을 공부하려는 계획을 수립하면 3일도 안 돼서 포기하고 만다. 자신이 평상시에 어떻게 공부하는지 정리해볼 필요가 있다.

먼저 하루 생활을 정리해보자. 하루를 어떻게 보내고, 무엇을 했는지 정리하다 보면 내 문제점을 파악할 수 있다. 머리로 생각하는 것과 정리된 것을 눈으로 보는 것은 큰 차이가 있다. 현실적인 계획은 공부 습관을 유지할 확률을 높인다.

공부 습관을 만드는 건 자신의 생활 모두를 바꾸는 것이 아니라 하루의 일부를 변화시키는 것에서 시작해야 한다. 작은 것이라도 실행하면서 성취감과 자신감을 얻는 것이 습관을 유지하는 큰 힘이 된다.

결국 공부 습관을 만드는 건 현재 자신의 상황을 정확히 파악한 것을 바탕으로, 꾸준히 실행할 수 있다고 생각하는 시간 또는 행동부터 바꾸는 것이다.

습관은 반복을 통해 얻을 수 있다

어떤 일이든 반복을 통해 익숙해진다. 운동선수는 잘못된 자세나 움직임을 교정하려고 수만 번 반복해서 몸이 자연스럽게 받아들여 무의식 중에도 행동할 수 있도록 노력한다. 습관도 이와 마찬가지다. 몸이 자연스럽게 받아들이게 하려면 적은 시간과 노력이라도 매일 꾸준히 하는 것이 중요하다.

문제는 처음부터 무리해서는 안 된다는 것이다. 매일 반복하는 것은 우리가 생각하는 것보다 매우 힘들다. 앞에서 말했듯이 몸은 새로운 것을 받아들이기 싫어하고, 처음 상태로 되돌아가려는 시도를 꾸준히 한다. 꾸준히 반복할 수 있는 분량과 시간을 정하는 것이 몸을 포기하지 않게 만든다.

반복할 수 있는 분량
정하는 방법

1단계 하루 10분의 자투리 시간을 활용하라.

10분은 어떤 상황에서라도 나올 수 있는 시간이다. 꼭 정해진 시간에 하는 것만을 습관이라 말하지 않는다. 주어진 하루라는 시간에 꾸준히 뭔가를 하는 것이 공부 습관을 들이는 지름길이다. 10분이라는 시간에 할 수 있는 것을 정해서 매일 실천한다면 자신감이 생길 것이며, 이후 시간이나 공부 양을 늘리더라도 거부감이 줄어들게 된다.

2단계 새롭게 배우는 것보다 배운 것을 복습하는 것을 중심으로 습관을 형성하라.

자신이 도전한 것에 대한 효과를 즉시 체감하거나 해볼 만하다고 생각되기 시작하면 습관은 쉽게 만들어진다. 예습보다 복습이 더 편한 공부다. 복습은 매일 꾸준히 해야 하는 영역이기에 복습을 중심으로 공부 습관을 만드는 것이 성공 가능성을 높인다.

3단계 여러 과목을 동시에 하기보다 한 과목을 먼저 시작하라.

처음 공부 습관을 만들려 할 때는 대부분 의욕이 넘쳐서 과도한 분량을 설정한다. 하지만 그 의욕은 보통 3일이 지나면 사라지고 만다. 처음 시작할 때는 자신이 가장 좋아하는 과목이나 자신 있는 과목을 중심으로 습관을 만들어가는 게 좋다. 즐거움을 느껴야 유지된다는 것은 모두가 동의하는 사실이다. 하지만 그런 사실을 본인에게 적용하는 경우는 흔치 않다. 100퍼센트 즐기지는 못하더라도 꾸준히 습관으로 유지할 만한 최소한의 즐거움을 만드는 방법은 좋아하는 과목을 먼저 시작하는 것이다.

습관을 바꾸는 것은 새로운 습관을 만드는 것보다 어렵다

자신의 문제점을 제일 잘 알고 있는 사람은 본인이다. 학생 한 명의 문제점을 파악하는 건 전문가라 하더라도 많은 시간이 필요하다. 또한 학생 본인이 보이고 싶어 하지 않는 것을 찾아내는 것은 쉬운 일이 아니다. 보이는 것만으로 문제점을 파악하고 예측하여 해결책을 제시하기 때문에 100퍼센트 완벽한 해결책이 나올 수 없다. 그래서 공부는 스스로 하려는 의지가 매우 중요하다. 보이지 않는 문제점을 해결할 수 있는 방법은 스스로 변하겠다는 의지를 갖는 것밖에 없기 때문이다.

스스로의 의지를 바탕으로 해야만 자신에게 맞는 계획을 수립하고 유지할 수 있다. 고등학생들과 함께 '공부 습관 만들기 프로젝트'라는 이름으로 3개월간 노력한 적이 있었다. 그 학생들과 공부 습관에 대해 토론하다가 등수의 높고 낮음과 상관없이 자신만의 공부 습관이 이미 형성된 학생이 많다는 사실에 놀랐다. 공부를 제대로 하지 않는다고 말한 학생 또한 가지고 있는 습관이 있다는 것은 분명 놀라운 일이었다. 그래서 현재 습관을 조금씩 교정해 나간다면 분명 좋은 결과가 있을 것이라고 확신했었다. 하지만 2주가 지난 후 난 예상하지 못했던 절망을 맛보았다. 14일이 지난 후에도 공부 습관이 제대로 만들어지지 않은 학생들과 면담을 했는데, 원래 자신만의 공부 습관이 있었던 학생들이 더 많았다. 오히려 공부 습관이 아예 없었던 학생에 비해서도 더 결과가 안 좋았기에 원인을 좀 더 깊이 있게 고민해야만 했었다.

그 아이들이 실패한 이유는 바로 기존의 공부 습관 때문이었다. 잘못된 습관을 교정하는 것이 더 힘들고 빨리 지치게 만들었고, 그 때문에 포기하는 학생들이 많았던 것이다. 새로운 변화를 머리가 인식하고 몸에게 요청했을 때, 몸은 이미 공부 습관이 있음을 머리에게 오히려 설득하고 그런 설득을 머리가 받아들이는 결과가 실패의 가장 큰 원인이었다.

잘못 길들여진 애완동물은 주인을 문다. 잘못된 공부 습관도 공부에 위험이 될 수 있다. 습관은 오래 될수록 바꾸기 어렵다. 지금이라도 자신만 알고 있는 문제점을 바꾸려는 의지를 갖고 노력하는 게 중요하다.

3 따라만 하면 자연스럽게 완성되는 공부 습관

공부 습관 만들기는 성적을 올리는 가장 확실한 방법이다. 아무리 좋은 선생님이 옆에서 도움을 준다고 해도 올바른 공부 습관을 만든 친구를 이길 수 없다. 이 사실을 누구나 알면서도 습관을 만들지 못하는 이유는 방법이 잘못되었기 때문이다. 올바른 방법으로 매일 공부에서 성취감과 만족감을 맛볼 수 있다면 자연스럽게 의지는 유지되며 결국 습관을 만들 수 있다.

내가 12년간 학생들과 함께 공부법을 연구해서 적용하며 깨달은 결론은 21일만 공부 습관을 유지하면 안정화되어 이후에도 꾸준히 유지할 수 있다는 것이다. 즉 3주만 어떤 방법을 쓰든 꾸준히 유지하면 몸이 받아들이고 적응한다는 뜻이다.

이 책에서는 수천 명의 학생들을 대상으로 진행했던 '공부 습관 만들기 프로젝트'에서 나온 결과를 바탕으로, 누구나 쉽게 공부 습관을 만들 수 있는 방법을 제시한다. 이렇게 제시한 방법을 따라만 하면 누구나 공부 습관을 만들 수 있다.

공부 습관에서 가장 중요한 것은 바로 공부를 하고자 하는 '의지'다. 공부를 해야 한다는 생각은 누구나 하지만 행동으로 옮기고, 또 그 행동을 유지하는 것이 매우 힘들다는 것은 이 책을 읽는 사람 누구나 공감할 것이다. '의지'가 있다면 행동으로 옮길 힘이 생긴다. '공부해야 하는데'라는 단순한 의지가 '공부해야지'라는 의지로 저절로 바뀌려면 두 가지 중 하나가 필요하다.

첫째, 바로 환경 변화다. 내가 처한 환경이 변하면 자연스럽게 의지가 만들어진다. 예를 들어 평상시에 공부를 전혀 하지 않는 학생이라도 시험이 가까워오면 공부를 한다. 그때는 집중력이 급격히 높아지고 공부 시간도 길어진다. 학생 대부분은 바로 이런 환경 변화에 따라 공부 의지가 생긴다. 하지만 누구나 이 시기에는 공부하기 때문에 내가 노력한 만큼의 효과를 얻지 못한다.

둘째, 바로 마음을 움직이는 계기다. 성적이 상승한 학생과 상담을 하다 보면 특정 계기 때문에 공부 의지가 생겼다고들 한다.

선배의 조언, 친구와의 관계 또는 선생님의 영향 등 누군가 또는 어떤 사물이나 조건에 의해 변화된 경우다.

문제는 이런 계기가 누구에게나 찾아오는 것이 아니라는 것이다. 또 그런 계기가 오더라도 의지가 생기지 않는 경우도 있기 때문에 힘든 것이다.

이 책에서는 이런 환경 변화나 계기를 겪지 못한 학생들에게 검증된 방법으로서 21일 동안 따라할 수 있는 프로그램을 제공한다. 여기서 가장 중요한 것은 '믿음'이다. 이 방법대로 따라만 하면 21일 만에 공부 습관을 만들 수 있다는 믿음만 있다면 누구나 3주가 지난 후 변화된 자신의 모습을 발견할 수 있을 것이다.

계획 수립
따라 하기

공부 습관 만들기에서 가장 중요하고 핵심이 되는 것을 꼽으라면 바로 계획 수립이다. 어떻게 계획을 수립했느냐에 따라서 성공과 실패가 나뉜다. 학생 대부분은 계획을 수립해본 경험이 있다. 초등학교 때 세웠던 방학 계획을 시작으로 중학교 때 시험 대비 계획을 세우고 고등학교 때는 수시로 계획을 수립한다. 하지만 계획을 수립할 때 자신의 현재 능력에 따른 계획을 수립하는 것이 아니라 이상적인 계획을 세우는 경우가 더 많은 것이 사실이다. 이는 지키지 못하는 계획을 세움으로써 공부 자신감만 떨어뜨린다.

계획을 수립할 때에는 몇 가지 체크할 것이 있다.

❶ 지금 나에게 가장 필요한 공부 방법은 무엇인가?

우리는 다양한 환경에서 공부한다. 학교에서 공부를 하며, 학교가 끝난 후 학원에서 다시 공부를 하거나 과외를 받기도 한다. 또 어떤 학생들은 인터넷 강의를 들으면서 혼자 공부하며, 독서실에 가거나 야간 자율학습을 적극적으로 이용하는 학생도 있다. 이처럼 다양한 공부를 하는데 과연 나에게 가장 필요한 공부 방법은 무엇인지를 생각해봐야 한다.

가장 핵심이 되는 것은 바로 학교 수업과 학원, 과외라 할 수 있다. 많은 학생들에게 학교 수업과 학원, 과외 수업 중 어느 것이 더 중요한지 물어보았다. 많은 학생들이 학원이나 과외가 더 중요하다고 대답했다. 학교 수업보다 학원이나 과외에서 더 많이 정리를 해주고 시험 대비도 잘해준다는 이유로 학교 수업을 제대로 듣지 않는다는 것이다. 하지만 진짜 공부를 잘하는 학생들은 학교 수업을 중요하게 생각한다. 시험 문제는 학교 선생님이 출제하기 때문이라는 이유가 가장 많았다.

방학을 제외하면 가장 많은 수업을 듣는 곳, 즉 배움의 영역 중 가장 많은 비중을 차지하는 것이 학교 수업이다. 학교 수업에 집중하지 않는다면 하루 중 많은 시간을 버리는 것이다. 학교 수업을 버리는 경우는 두 가지로 나뉜다. 첫째 들어도 잘 이해가 되지 않아서 자연스럽게 포기하는 경우, 둘째 이미 배운 내용이라서 들을 필요가 없다고 생각하는 경우다. 들어도 이해가 되지 않는 경우는 기초를 세울 학습 방법을 찾을 필요가 있다. 이 경우는 학원이나 과외를 활용하는 것이 해법이 될 수 있다.

두 번째 경우는 이미 학원이나 과외에서 선행을 했기에 집중력이 떨어지는 것이다. 상위권 학생들은 이미 배운 것이라도 복습 시간을 줄이려고 수업 시간에 다시 한 번 집중하려 노력한다. 또한 본인이 중요하다고 생각하는 부분과 선생님이 중요하다고 말씀하는 부분이 어떻게 다른지 비교하며 학교 수업을 적절히 활용한다. 이 지점에서 상위권과 중위권이 나뉜다 해도 과언이 아니다.

결론을 얘기하자면 공부 계획은 학교 수업을 중심으로 놓고 수립해야 한다는 것이다. 학교 수업을 가장 중심에 놓고 예습과 복습 계획을 수립해야 실패하지 않는다. 단순하게 학교에서 배운 내용을 그날 바로 정리하고 복습하는 계획을 짜는 것이다. 사실 이 계획이야말로 성적을 올리는 가장 완벽한 계획이라 할 수 있지만 여러 가지 다른 수업이 있는 상황에서는 결코 쉽지 않다.

가장 중요한 핵심은 학교 수업을 중심으로 한 '복습 계획 수립'이다. 이 책에서 알려주는 계획을 따라 할 때 첫 번째로 생각하고 있어야 한다.

❷ 배우는 시간을 정확히 분석해서 복습 시간을 정하라.

학습 내용은 과목으로 분류되어 있다. 과목 중에서도 중요한 과목과 그렇지 않은 과목으로 나뉜다. 중요한 과목은 배우는 데 더 많은 시간을 투자한다. 난이도 또한 다른 과목에 비해서 높다. 배움의 시간이 많다는 것을 다시 말하면 대학 입학에 결정적인 영향을 끼친다는 것이다. 물론 특기자나 예체능 지망의 경우에 예외도 있다. 하지만 대학에 진학하려는 대부분의 학생에게는 중요 과목, 즉 국·영·수 점수가 매우 중요하다.

계획을 수립할 때도 중요 과목을 고려해야 한다. 계획을 잘못 수립하면 자신이 좋아하는 과목에만 시간을 많이 투자하고 중요 과목이라도 포기하고 싶은 과목에는 공부 시간을 배정하지 않는다. 이렇게 계획을 짜면 성적을 받아들고는 '계획대로 열심히 공부했는데 왜 이렇게 결과가 나쁠까' 하고 생각하게 된다. 특정 과목의 성적이 상승하더라도 포기한 과목에서 점수가 오히려 하락하기 때문에 전체적인 결과가 좋지 않은 것이다.

좋아하는 과목과 싫어하는 과목을 구분하여 계획을 수립하는 것은 하위권이나 아예 공부를 포기했다가 다시 시작하는 경우가 아니라면 자제하는 것이 좋다. 중위권 이상이라 생각한다면 수업 시간에 따라 복습 시간을 배정하는 형태로 계획을 수립하는 게

낫다.

특히 포기한 과목이라 하더라도 수업 시간이 많다면 반드시 복습 시간을 설정해라. 배운 내용을 기억하고 있을 때 바로 복습하면 포기한 과목도 점수를 높일 수 있다. 아니 어쩌면 포기한 과목을 복습하는 것이 다른 과목에 비해 오히려 더 쉽게 점수를 높이는 방법이다.

가장 좋은 공부 방법은 배운 것을 바로 복습해서 장기기억으로 만드는 것임을 잊지 말아야 한다. 또한 배우는 시간이 많을수록 복습해야 할 양이 많아짐을 항상 생각하고 있어야 한다.

사실 배우는 시간 비중에 따라 복습 시간을 확보하라는 말을 들으면 누구나 당연하다고 생각한다. 하지만 "어떻게 복습해야 시간을 절약할 수 있는가"라는 질문 또한 많이 듣는 것도 사실이다. 복습할 것과 숙제할 것이 너무 많아서 또는 배우는 시간이 너무 길어서 모든 것을 다 복습하기 어렵다고들 말한다. 복습을 포기하는 학생 대부분이 분량이 많다고 생각해서 시도조차 하지 않는 것이다.

한 번에 복습을 끝낸다는 생각을 버릴 필요가 있다. 복습은 반복을 통해 완성될 수 있으며, 시험을 보기 전 최소한 세 번은 반복할 것이라는 생각을 해야 한다. 이 내용에 대한 것은 다음 장에서 구체적으로 따라 할 수 있도록 안내할 것이다. 역시 중요한 점은 배우는 시간이 많은 것일수록 복습 시간을 많이 확보하라는 것이다. 이것만 고려한다면 대입을 대비한 유리한 학습 계획을 수립할 수 있게 된다.

공부하는 가장 중요한 목적이 머릿속에 오랫동안 기억하게 만드는 것이라 했었다. 기왕 기억하려고 노력한다면 중요한 것부터 하는 것이 가장 유리하지 않을까? 재미없다고 생각하는 과목, 어렵다고 생각하는 과목이 만약 중요 과목일 경우에는 가능한 한 복습 시간을 더 많이 확보해야 한다. 꼭 평일에 몰아서 복습하지 않아도 된다. 주말에 이 과목의 복습 시간을 더 확보하는 계획을 수립하여 꾸준히 실행한다면 자신감을 찾을 수 있다.

❸ 실천할 수 있을 정도만 계획하라.

나 또한 항상 고민하고 있는 것 중 하나가 "내가 최대로 끌어올릴 수 있는 공부 시간, 또는 연구 시간이 어느 만큼일까?"다. 어떤 때는 평상시보다 두 배 이상 집중할 때도 있고, 가끔은 집중 자체가 되지 않아서 손을 놓아 버리는 경우도 있기에 매일 공부할 수 있는 최대치가 어느 만큼인지 측정하기 어렵다. 하지만 "내가 OO 과목을 1시간 동안 공부한다면 어느 만큼 할 수 있을까?"에 대한 답변은 누구나 할 수 있다. 그동안 공부한 경험이 있기에 1시간 공부 분량을 정할 수 있는 것이다. 이 질문에 답변할 수 있다면 충분히 공부 계획을 수립할 수 있다.

계획은 실천할 수 있는 분량만 먼저 수립하고, 실천하는 것이 중요하다. 반드시 계속 실천할 수 있어야 한다. 실천하기 어려운 계획은 습관으로 만들 수 없다. 남들이 보기에 멋진 계획이라 할지라도 실천하지 못하면 그 계획은 쓸모없는 계획일 뿐이다. 뿐만 아니라 다른 친구가 실천하고 성공한 계획이라 할지라도 나에게 맞지 않는다면 그 계획 역시 쓸모없는 계획이다.

실천에 실패한 학생의 계획표를 보면 24시간이 모두 계획되어 있다. 어릴 적부터 누가 계획을 짜보라고 하면 아침에 일어나는 시간부터 잠들기 전까지의 계획을 수립했었기 때문이다. 초등학교 때 방학 계획표를 만들어본 적이 있을 것이다. 그 계획대로 방학을 보냈었는가? 나 또한 수많은 방학 계획표를 작성한 경험이 있지만 단 한 번도 지킨 적이 없다. 하지만 우린 어릴 적부터 계획 수립은 24시간을 계획표로 만드는 것이라 배워왔다.

문제는 그런 계획 때문에 실패하는 것에 익숙해진다는 것이다. 핵심은 실천할 수 있는 계획을 만드는 것임을 기억하기 바란다.

처음 계획을 짜는 것이라면, 하루 1~2시간 정도 할 수 있는 계획을 수립할 것을 추천한다. 보통 학생이라면 하루 1시간 정도는 집중할 수 있다. 뿐만 아니라 그 계획을 꾸준히 유지할 힘도 있다. 순간의 유혹에 흔들릴 수는 있지만 다시 시작할 의지도 있다.

하루 2시간을 계획하고 실천할 힘밖에 없는 데 12시간을 계획한다면 보여주기 위한 계획밖에 되지 않는 것이다. 만약 하루 1~2시간의 계획을 수립한다고 결정했다면 예습보단 복습 위주의 계획이 맞다.

학원이나 과외 숙제를 반드시 해야 할 경우가 있다. 하지만 이는 처음부터 바로 계획에 넣을 필요는 없다. 어느 정도 계획 수립과 실천에 적응됐다면 반드시 해야 하는 공부를 계획에 넣어도 되지만 지금처럼 1~2시간에 할 수 있는 계획을 수립할 때는 반드시 해야 하는 것은 계획에서 제외하는 게 좋다. 왜냐하면 어차피 해야 하는 것은 굳이 계획을 수립하지 않더라도 자연스럽게 행동으로 옮겨지기 때문이다. 하지만 복습은 남이 시키지 않고 내가 스스로 해야 하는 영역이기에 우선순위에서 밀리는 경우가 많다. 중요하지만 남들이 확인하지 않는 영역이라서 쉽게 미루는 것이다. 바로 이 영역을 우선적으로 정리하고 실천하는 계획을 수립해야 한다.

복습 중심으로 수립하는 1~2시간의 계획은 실천할 확률도 높이지만 더 좋은 점은 '성적을 높여 주는 계획'이라는 점을 시간이 갈수록 느낄 수 있다는 것이다. 복습이 이어질수록 공부 자신감은 상승하게 된다. 계획을 꾸준히 실천하는 힘은 이런 자신감을 통해 다시 만들어진다.

1~2시간의 계획을 실천할 수 있는 힘이 만들어져야 하루 계획을 수립할 수 있다는 점을 잊지 마라. 하루에 실천할 수 있는 최소한의 시간을 확보하고 복습 중심으로 계획을 수립한다면 누구나 성공할 수 있다. 이로 인해 더 많은 계획을 수립하고 실천할 수 있

는 힘을 얻게 될 것이다.

　자, 그럼 이제 본격적으로 계획을 수립해 보는데, 먼저 고려해야 할 것이 있다. 계획을 처음 수립하는 학생은 반드시 하루의 일과를 정리해봐야 한다. 자신의 공부 시간과 하루 스케줄을 정확히 파악하지 못하면 제대로 된 계획을 수립할 수 없기 때문이다. 일반적인 학생이라면 평일과 주말의 동선이 다를 것이다. 그렇기에 평일과 주말로 나누어 내가 하루를 어떻게 보냈는지를 정리해보는 것이 좋다.

과제 학습 목표 시간 : 평일 (23)시간 ( )분 / 주말 (14)시간 ( )분

시간＼요일		월	화	수	목	금	토	일
재벽 / 오전	4:00							
	5:00							
	6:00	기상 및 등교 시간					기상	기상
	7:00							
	8:00						과제 학습 시간	과제 학습 시간
	9:00							
	10:00	학교 수업 시간(오전)						
	11:00							
오후	12:00							
	1:00	수리			수리	수리		
	2:00	학교 수업 시간(오후)						
	3:00							
	4:00							
	5:00							
	6:00							
저녁 / 심야	7:00	언어 / 러탐	탐국어 / 수리	러탐 / 탐국어	언어 / 러탐	탐국어 / 러탐	과제 학습 시간	과제 학습 시간
	8:00							
	9:00	과제 학습 시간						
	10:00							
	11:00						과제 학습 시간	과제 학습 시간
	12:00			수리				
	1:00							
	2:00							
	3:00							

시간 나누기		24시간	24시간	24시간	24시간	24시간	24시간	24시간
공부 외 시간	수면 시간	6시간 분	6시간 분	6시간 분	6시간 분	6시간 분	6시간 분	7시간 분
	등·하교 시간	1시간 분	1시간 분	1시간 분	1시간 분	1시간 분	1시간 분	0시간 분
	식사 시간	2시간 10분	2시간 10분	2시간 10분	2시간 10분	2시간 10분	2시간 10분	2시간 10분
	휴식 시간	1시간 분	1시간 분	1시간 분	1시간 분	1시간 분	2시간 분	2시간 분
공부 시간	수업 시간*	8시간 분	9시간 분	8시간 분	9시간 분	8시간 분	6시간 분	4시간 분
	자습 시간**	5시간 분	4시간 분	5시간 분	4시간 분	5시간 분	6시간 분	8시간 분

학교 수업이 있는 평일은 수업의 복습과 취약 과목의 집중학습을 진행하고 주말은 평일에 하지 못했던 나머지 과목의 복습을 통해 완벽한 수업의 이해와 자신감을 이어가도록 구성하였다. 공부 시간을 수업과 자습으로 나누어 스스로 공부하는 시간을 계획할 수 있도록 수립한 계획표이다.

하루를 어떻게 보내는지 정리됐다면 학습 시간 중 스스로 학습하는 시간을 따로 분리해보자. 배우는 건 내가 스스로 하는 학습이 아니지만 익히는 건 내가 스스로 하는 학습이다. 그 시간은 계획에서 매우 중요한 부분이기 때문에 스스로 공부하는 시간은 반드시 따로 표시하는 것이 좋다.

주말 계획을 무리해서 잡는 것은 위험하다. 주말은 한 주 학습한 내용을 복습하는 단계로 생각하는 것이 좋다. 평일에 자신이 하고자 했던 계획을 제대로 끝내지 못했거나 아쉬운 부분이 있을 것이다. 그런 내용을 주말에 정리하는 식으로 계획을 세운다면 평일 부담이 줄어들면서 학습 효과는 높아진다.

보통 스스로 공부하는 시간(자습) 중 많은 시간을 문제 풀이 영역에 투자한다. 고등학생들에게 자습 시간에 주로 어떤 공부를 하는지 물어보면 대부분 문제 풀이라고 대답할 정도로 많은 시간을 투자한다. 하지만 문제 풀이에 많은 시간을 투자해도 효과가 나타나지 않는 경우가 많다. 그 이유는 문제 풀이를 복습으로 생각하는 게 아니라 빨리 끝내고 다른 것을 해야 하는 숙제로 생각하기 때문이다.

예전에 내가 외부 강연을 할 때 인기 있었던 주제 중 하나가 바로 '숙제로 공부하는 방법'이었다. 숙제는 공부가 아니라고 생각하는 학생이 많다. 빨리 끝내고 다른 것을 하려는 마음 때문일 수도 있고 제대로 이해하지 못했는데 바로 문제 풀이를 해서 그럴

수도 있다. 공부에 흥미가 떨어지는 결정적인 이유가 문제를 풀었을 때 오답이 많기 때문이라는 것을 알고 있는가? 틀리는 문제가 많을수록 공부는 하기 싫은 영역으로 바뀌고, 점점 지겨워지기 시작하는 것이다.

그렇기에 복습을 해서 배운 내용을 완벽히 이해한 후 문제 풀이를 해야 공부에 대한 흥미를 이어갈 수 있다. 계획 수립에서 복습이 가장 중요한 영역이라는 이유가 바로 여기 있다. 복습이 완벽하게 되지 않았다면 문제 풀이를 진행해서는 안 된다.

완벽히 복습했을 때 문제 풀이를 진행해야 오답도 줄어들고 공부에 대한 흥미가 이어지거나 상승한다.

하루 또는 일주일 동안의 자신이 사용한 시간을 분석해봤다면 이제 본격적으로 '나에게 맞는 계획을 수립할 준비가 되었다'고 할 수 있다. 지금부터 과연 어디에 집중하는 학습을 할 것인지를 결정해야 한다.

물론 앞에서 학교 수업이 중요하고 수업 내용을 바로 복습하는 습관을 만드는 것이 제일 중요하다고 말했지만, 이 방법에 맞춰 실천하는 학생도 있을 것이고 그렇지 않은 학생도 분명 있을 것이다. 공부 습관 만들기 모임을 진행할 때도 학교 수업의 중요성을 얘기했지만 자신의 상황에 맞춰 다르게 계획하는 학생이 더 많은 것이 사실이다.

그래서 다음 장에서 4가지의 학습 집중 포인트를 제시하고 그에 맞춰 계획 수립을 따라 해보는 것으로 시작할 것이다.

첫 번째는 학교 수업에 집중하는 공부 계획 수립하기다. 가장 기본이 되며, 학년과 수준에 상관없이 계획을 처음 수립하는 학생이라면 반드시 따라 해야 하는 내용이다. 사교육을 받지 않고 혼자서 공부한다거나 자습 중심으로 학습을 진행하는 경우도 학교 수업에 집중하는 공부 계획을 수립하는 편이 유리할 것이다. 하지만 고3이거나 이미 학교 수업을 정리하는 습관이 있는 학생이라면 다른 계획을 진행해도 괜찮다.

두 번째는 학원이나 과외, 또는 인터넷 강의 중심의 학습 계획 **수립하기다.** 학교 수업 중에 특별히 복습할 내용이 없을 정도로 학습이 되었거나 학원이나 과외, 인터넷 강의에 계속 뒤처지면서 흥미를 잃어가는 경우에 적합하다 할 수 있다. 하지만 만약 학교 수업도 제대로 집중하지 못한다는 생각을 하고 있다면 학원이나 과외에서 제공되는 숙제만 열심히 하고 학교 수업에 집중하는 계획을 수립하는 것이 더 효율적일 것이다.

세 번째는 학교 수업도 따라가지 못하는 경우의 계획 수립이다. 제대로 공부를 해본 적이 없어서 선행은 생각하지도 못하고 학교 수업도 난이도가 높아서 따라 하기 어려운 경우에는 별도의 계획 수립이 필요하다. 세 번째에 속하는 학생은 열심히 하려는 마음은 있지만 무엇을 어떻게 해야 할지에 대해서는 답이 없다. 다른 친구들에 비해 학습 누적량이 매우 적기 때문에 주변 친구들과 진도를 맞춰 공부하는 것 자체가 어려운 학생들은 별도의 계획을 수립해서 학습할 필요가 있다.

네 번째는 예체능 계열을 진학하려는 학생을 위한 계획이다. 학교에서 배우는 학습 외에 별도의 개인 학습이 이어져야 하는 예체능 계열 지원 학생은 일반 학생보다 학과 공부에 투자하는 시간이 적을 수밖에 없다. 적은 시간 투자로 효율을 높이는 방법이 아니면 예체능 계열 지원자는 성적이 상승할 수 없다. 또한 신체적으로도 피곤한 상태가 더 심하기 때문에 공부에 집중하기 쉽지 않다.

이처럼 자신이 현재 직면하고 있는 상황에 맞춰 계획을 수립하면 21일 동안 공부 습관을 만들 힘을 얻게 된다. 또한 그동안 실패한 학생들의 원인을 분석하여 계획을 수립하는 법을 알려줄 것이기 때문에 효율은 더 높아질 것이다.

3장

유형별 실천할 수 있는 계획 만들기

1. 학교 수업에 집중하는 공부 계획 수립

2. 학원, 과외, 인터넷 강의를 위주로 하는 계획 수립

3. 학교 수업도 따라가지 못하는 학생의 공부 계획 수립

4. 예·체능 계열의 공부 계획 수립

1 학교 수업에 집중하는 공부 계획 수립

따라 하기 ❶

당일 배운 내용은 당일 복습할 시간을 확보하라

지금 가장 집중해야 할 것은 학교 수업 내용을 완벽하게 학습할 수 있는 계획을 수립하는 것이다. 반드시 지켜야 할 규칙은 바로 '당일 배운 내용은 당일 복습한다' 이다. 가능한 한 기억에 남아 있는 것이 많을 때 복습해야 점수가 상승한다.

학습의 가장 기본이자 핵심이 바로 '그날 배운 내용은 그날 복습하라' 임을 잊지 말고 이 내용을 중심으로 계획을 세우기 시작한다.

배우는 시간이 많은 과목부터

배운 모든 내용을 그날 복습한다면 좋겠지만 모든 과목을 당일에 복습할 수 있는 것은 아니다. 그렇기에 집중해야 할 것을 결정할 필요가 있다. 보통 배우는 시간이 많은 것부터 복습하는 방식으로 계획을 세운다. 앞에서도 말했지만 배우는 시간이 많은 과목이 중요하다. 누구나 중요하다고 생각하기 때문이 아니라 배운 내용이 많기 때문에 시간이 흐른 다음 복습하면 잊어버릴 뿐만 아니라 복습할 분량도 많아진다. 그러면 쉽게 포기하게 된다.

그렇기에 '중요한 과목'이라고 생각하는 과목은 반드시 당일 복습할 수 있도록 계획을 수립해야 한다.

정리 → 암기 → 문제 풀이 → 오답 정리 순으로

배운 시간이 50분이라 가정하면 복습을 10분 만에 끝내는 학생도 있고 1시간을 해도 끝나지 않는 학생이 있다. 과연 그 이유는 무엇일까? 10분 만에 끝낸 학생은 수업을 잘 들었거나 선행을 제대로 해서 그럴까? 1시간 동안 복습하는 학생은 제대로 이해되지 못해서 혼자 고민하고 있는 것일까? 정답은 '아니다' 다. 복습에 시간이 오래 걸리는 학생은 배운 내용을 내 것으로 만드는 과정을 진행하고 있는 것이고 10분 만에 끝내는 학생은 배운 내용을 단순히 눈으로 확인하고 넘어가는 것이다. 당연히 오래 기억해야 하는 것이 핵심인 공부에서 10분 만에 끝낸 학생은 일주일만 지나도 제대로 기억하지 못한다.

복습도 제대로 해야 효과가 발생한다. 가장 이상적인 복습 방법이 바로 정리 → 암기 → 문제 풀이 → 오답 정리의 순서대로 차근차근 진행하는 것이다.

'정리' 단계는 학교 수업에서 배운 내용과 필기한 내용을 하나로 만드는 과정이다. 여러 군데 분산되어 있는 내용을 하나로 모아두면 나중에 추가 복습을 할 때나 시간이 지난 후 다시 확인할 때 매우 유리하다.

정리를 잘하는 학생들은 종종 별도의 정리 노트를 만든다. 수업 시간에 급하게 필기한 내용을 이해하기 쉽게 다시 정리하고 프린트물로 수업했을 때는 프린트물을 함께 정리한다. 이 과정은 상위권으로 가는 기본 과정이다. 여기서 중요한 것은 예쁘게 꾸미려 하지 말라는 것이다. 가끔 여학생들에게서 이런 현상이 자주 발생하는데 정리 노트에 잘 정리하기 위함이 아니라 예쁘게 보이려는 욕심에 많은 시간을 투자한다. 이러면 정리하다가 하루가 다 지나간다. 예쁜 것이 중요한 게 아니라 여기저기 흩어져 있는 내용을 하나로 모으는 데 그 의미가 있음을 잊지 말아야 한다.

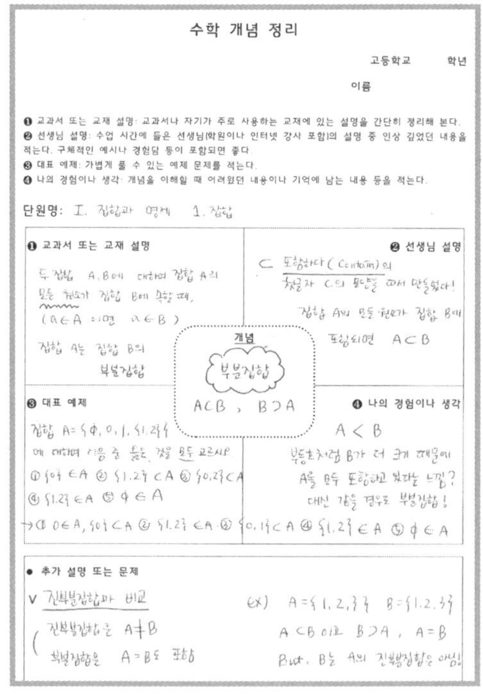

흩어져 있던 내용을 노트에 하나로 정리하도록 한다.

정리가 다 된 상태에서 바로 '암기'를 해야 한다. 복습에서 가장 어렵고 많은 시간을 투자하는 단계가 아마도 암기가 아닐까 싶다. 물론 수학은 암기보다 문제 풀이 시간이 더 많지만 제대로 암기하지 못하면 문제 풀이에서 틀릴 확률이 높다. 오답이 많아지면 자연 공부 시간이 증가할 뿐만 아니라 공부에 대한 흥미도 떨어진다. '복습의 핵심'이라 할 수 있는 암기에 시간을 얼마나 투자하느냐에 따라 복습 시간이 차이 난다. 복습 시간이 10분인 학생과 1시간인 학생의 차이는 바로 '암기'를 하느냐 하지 않느냐에 따라 달라지는 것이다.

암기할 때 중요한 것은 전체적인 내용을 먼저 반복해서 읽거나 이해한 후에 암기해야 한다는 것이다. 전체적인 내용을 이해하지 못한 상태에서 무조건 외우려고 하면 당연히 오랫동안 기억하지 못하게 된다.

'암기가 되지 않아서 불안하다'라고 말하는 학생과 상담하며 어떻게 암기하는지 체크해 본 적이 있다. 그 학생은 다른 사람이 외워야 한다고 정해준 것만 외우려 노력할 뿐 전체 내용을 이해하려 하지 않는 경향이 있었다. 당연히 외워지지도 않을뿐더러 외운 것을 3일 안에 잊어버렸다. '암기하려고 정리한다'는 개념을 가져야 한다. 정리를 예쁘게 할 필요 없다고 말한 이유는 외울 수 있게만 정리하면 되기 때문이다. 그날 공부한 내용을 당일 정리한 후 전체적인 내용을 이해하고 암기한다면 오랫동안 기억할 수 있다.

확실히 암기되었다고 생각할 때 '문제 풀이'를 진행한다. 중위권 학생 대부분이 암기를 제대로 하지 않고 문제 풀이로 넘어간다. 당연히 오답이 많아진다. 암기를 확실하게 했다고 생각했을 때 문제 풀이로 넘어가면 정답 확률이 높아진다. 반드시 기억하라! 정답 확률이 높아져야 공부에 대한 의지와 흥미가 유지된다는 것을.

문제 풀이를 할 때 생각하고 넘어가야 할 것이 있다. 정리와 암기, 문제 풀이까지 마무리되어야 복습이 완료된다는 것이다. 하루에 한 과목만 복습한다면야 모든 과정을 하루에 다 끝낼 수 있지만 여러 과목을 동시에 하거나, 다른 과제가 있다면 부담스러울 것이다.

문제 풀이까지 당일 복습하기 어렵다면 주말에 하는 것도 괜찮다. 만약 주말에 문제 풀이를 한다면 문제 풀이 전에 반드시 정리된 내용을 다시 한 번 확인한 다음에 문제를 풀어라. 이때 주의해야 할 점은 한 주 동안 배운 내용을 몰아서 문제 풀이를 진행하기 때문에 양이 많아진다는 것이다. 따라서 주말에 문제 풀이 시간을

96

충분히 확보해야 한다.

주말에 몰아서 문제 풀이를 할 경우, 과목당 보통 1시간 30분에서 2시간 정도가 걸리기도 한다. 암기를 완벽하게 한 후 문제 풀이를 한다면 오답 정리를 포함해서 1시간 이내에 마무리할 수 있으니 반드시 확실하게 암기한 후 문제 풀이를 진행하자.

마지막으로, '오답 정리' 단계는 성적 상승을 노린다면 반드시 해야 하는 필수 과정이다. 많은 학습법 전문가와 선생님, 선배 모두 오답 정리의 중요성을 강조한다. 틀리는 문제는 다시 틀리게 되어 있다. 오답 정리는 틀렸던 문제를 맞히게 하는 학습 단계이며, 한 번 해서 끝나는 것이 아니라 반복해서 진행하는 것이다.

오답 정리에 대한 질문 중에 가장 많은 것이 '오답 노트를 반드시 만들어야 하나요?' 다. 오답은 반복해서 확인해야 하는 영역이므로 오답 노트를 만들라는 얘기들을 많이 한다. 하지만 오답이 많은 경우에는 오답 노트 만드는데 너무 많은 시간을 사용하게 되어 오히려 복습을 제대로 못하고 있다는 불안감이 생기게 된다. 이 때문에 중위권은 오답 노트를 만들다가 중간에 포기하는 경우가 자주 발생하게 된다.

오답 노트는 반드시 만들어야 한다. 하지만 오답 노트에 틀린 문제와 풀이 과정을 반드시 모두 정리해야 하는 것은 아니다. 오답 노트에 반드시 정리해야 할 것은 '틀린 이유'와 '언제 복습해야 할지'다. 문제집의 이름, 페이지, 문제 번호, 틀린 이유, 다음에 복습해야 할 날짜만 오답 노트에 정리하고, 오답 정리는 문제집에 해도 된다. 물론 오답 노트에 문제와 다시 푼 내용까지 정리하면 좋지만, 오답 노트를 만드는 데 너무 많은 시간을 뺏긴다고 생각한다면 중요한 내용만 정리할 것을 추천한다. 사실 상위권은 틀리는 문제가 별로 없기 때문에 오답 노트를 완벽하게 정리할 수 있다. 중위권이나 하위권일수록 틀리는 문제가 많기 때문에 오답 노트를 제대로 정리하는 것은 매우 어렵다. 자신에게 적합한 오답 노트 형태를 선택해서 진행하는 것이 좋다.

오답 노트를 완벽히 정리해도 좋지만 시간이 없을 때는 중요 내용만 정리한다.

오답이 발생하는 원인은 크게 두 가지로 나눌 수 있다. 첫째 내가 공부한 내용이지만 제대로 이해하지 못했거나 암기하지 못한 경우, 둘째 공부하지 않은 내용이 나온 경우다. 첫 번째의 경우는 오답 노트에 반드시 메모해 두어야 한다. 이런 경우에 공부한 내용만 다시 한 번 정확히 확인하고 넘어간다면 오답이 거의 나오지 않기 때문이다. 물론 한 번 확인했다고 해서 완벽한 건 아니다. 추가 복습할 날짜를 적은 다음 반복해서 확인하는 것이 좋다. 추가 복습을 할 때는 오답 노트에 적어 놓은 문제점만 읽고 넘어가도 되기 때문에 부담은 크지 않다.

둘째 경우는 학교 수업에서 정리를 하지 못했거나 선생님이 미처 설명해주지 않았던 내용일 것이다. 이런 문제를 보면 많은 학생이 '선생님이 가르쳐주지 않은 것이니까 시험에 나오지 않을 거야' 하고 그냥 넘어간다. 하지만 학교 시험은 나를 가르쳐주시는 선생님 혼자서 출제하는 게 아니란 것을 기억해야 한다. 때문에 이런 오답 유형도 반드시 정리하고 넘어가야 한다. 오답 노트를 정리할 때 학교 수업에서 배우지 않았던 부분임을 표시해 놓고, 문제집에나 오답 노트에 반드시 내용을 정리해야 한다. 배우지 않았다고 생각한 것은 문제의 난이도가 높을 확률이 크기 때문에 내용 정리를 다시 한 번 하는 것이 좋다. 또한 추후 오답 복습을 할 경우에도 반드시 꼼꼼히 확인하고 틀렸던 문제를 다시 한 번 풀어 보는 것이 좋다.

| 학교 수업을 위주로 하는 학습 계획 |

이번 주 목표	● 사회 3단원 완벽 이해, 암기(월, 수, 금) ● 영어 자습서 복습, 포함된 단어와 문장 암기(월, 수, 금) ● 수학 함수 단원 + 중학교 수학 함수 복습(화, 목, 토) ● 국어 자습서 복습, 핵심내용 정리(화, 목, 토)				

날짜	요일	영역	학습 과제	예상 시간	실천 여부
9/2	월	사회	3-(1) 복습(이해, 암기)	1시간 30분	암기 부족
		영어	lesson11 자습서 복습(단어, 문장 암기)	2시간	OK
		국어	예습(교과서 미리 읽어보기)	20분	X
9/3	화	수학	– 중학수학 함수 단원 (1) 복습 – 학교 수업 복습: 수2 여러 가지 함수	2시간	이해 부족
		국어	자습서 복습, 핵심내용 정리	1시간	OK
		사회	3-(2) 예습(교과서 미리 읽어보기)	20분	OK
9/4	수	사회	3-(2) 복습(이해, 암기)	1시간 30분	
		영어	lesson12~13 자습서 복습(단어, 문장 암기)	2시간	
		국어	예습(교과서 미리 읽어보기)	20분	
9/5	목	수학	– 중학교 함수 단원 (2) 복습 – 학교 수업 복습: 수2 역함수	2시간	
		국어	자습서 복습, 핵심내용 정리	1시간	
		사회	3-(3)~(4) 예습(미리 읽어보기)	1시간	
9/6	금	사회	3-(3)~(4) 복습(이해, 암기)	1시간 30분	
		영어	lesson14 자습서 복습(단어, 문장 암기)	2시간	
		국어	예습(교과서 미리 읽어보기)	1시간	
9/7	토	수학	– 중학수학 함수 단원 (3) 복습 – 학교 수업 복습: 수2 합성함수	2시간	
		국어	자습서 복습, 핵심내용 정리	1시간	
		영어	주간 단어, 문장 암기 점검	1시간 30분	
9/8	일	수학	중학교 + 수2 함수 개념 총정리	3시간	
		국어	주간 수업 복습 총정리	1시간	
		영어	주간 수업 복습 총정리	1시간 30분	
		사회	주간 수업 복습 총정리	1시간	

2 학원, 과외, 인터넷 강의를 위주로 하는 계획 수립

 학원 공부를 더 효율적으로 할 방법이 있나요?

학교 수업이 아닌 학원, 과외, 인터넷 강의를 통한 학습을 완벽히 내 것으로 만드는 계획을 수립할 때 반드시 생각하고 넘어가야 할 것이 있다. 먼저 학교 수업을 복습하는 습관이 잡혀 있어야 한다는 것이다. 학교 수업 외의 학습 영역은 자신의 부족한 공부를 보완하거나 다른 친구보다 공부할 내용을 먼저 배움으로써 시험 대비를 미리 할 수 있다는 장점이 있다. 하지만 오히려 먼저 배움으로써 공부에 대한 흥미를 잃어버리는 학생이 많다는 것도 생각해봐야 할 문제다.

공부란 결과가 좋아야 한다. 결과는 바로 시험 점수로 판단된다. 공부는 결국 시험 점수가 잘 나와야 한다. 이렇게 볼 때 학교 수업은 공부에서 매우 중요한 부분이다. 만약 학교 수업도 제대로 복습하지 못하는 상태라면, 혹은 학교 수업을 복습하는 습관이 이미 만들어져 있거나, 학교 쉬는 시간이나 야자 시간에 별도로 복습하는 시간을 확보해 놓은 게 아니라면 학교 수업에 집중하는 공부 계획부터 실행할 것을 추천한다.

학교 수업 외의 영역, 즉 학원이나 과외, 인강은 정해진 요일이나 시간에 수업을 듣는다. 그렇기에 계획을 수립하는 것이 쉬워 보인다. 하지만 학생들의 계획을 보면 학원 가는 시간과 끝나는 시간(또는 강의 듣는 시간)만을 계획에 넣을 뿐 복습하는 시간은 없는 경우가 많다. 대부분 숙제, 즉 문제 풀이로 복습을 대신한다. 문제를 풀기 전 배운 내용을 정리하고 암기하는 과정을 거쳐야 완벽한 것이지만, 시간 부족과 모든 걸 이해하고 있다는 자만심에 복습에 집중하지 않는다. 학원이나 과외, 인강 학습은 별도의 복습 단계를 거치지 않으면 학교 수업보다 더 쉽게 잊어버린다. 사교육 강사들은 그들만의 강의 노하우를 쌓고자 노력한다. 학교 수업보다 더 쉽게 이해되는 듯 느껴지게 만들고 더 재미있게 말한다. 그렇기에 학생들은 많은 것을 이해했다고 착각하게 된다. 하지만 이런 느낌은 3일을 가지 못하며 어떤 내용을 배웠는지조차 제대로 기억하지 못하게 된다. 사교육 강의는 마치 한 편의 쇼를 보는 것과 같은 효과가 있다. 보고 있을 때는 빠져들지만 뒤돌아서면 잊는다.

그러므로 '숙제를 빨리 끝내자' 라는 마음보단 '확실하게 정리하자' 라는 생각을 가지고 복습 계획을 수립하는 것이 중요하다.

모든 공부는 '배우는 영역' 과 '스스로 익히는 영역' 이 존재한다. 우리는 이것을 '강의' 와 '자습' 이라고 부른다. 공부는 배움보다 익힘이 중요하다. 학원이나 과외, 인강을 위주로 하는 계획이라도 제대로 익히는 계획을 수립해야 한다.

계획의 큰 틀은 학교 수업에 집중하는 계획과 비슷하다. 하지만 '내용 정리' 와 '숙제' 면에서 차이가 난다. 계획은 내용 정리 → 암기 → 숙제의 단계로 수립해야 한다. 물론 복습은 강의를 들은 날 바로 하는 것이 좋다. 내용을 가장 많이 이해하고 있을 때 복습하는 것이 가장 효과적이고 효율적이라는 것을 잊으면 안 된다. 물론 평일에 학교 수업과 학원 수업까지 진행되면 피곤하기 때문에 다음으로 넘겨야 할 때도 있다. 이때 숙제는 미루더라도 내용 정리와 암기 단계는 반드시 당일에 완료하도록 해야 한다.

'내용 정리' 는 배우고 나면 반드시 해야 하는 영역이다. 학생들이 자주 얘기하는 것 중 하나가 학원이나 인강 선생님들은 필기를 깔끔하게 해줘서 그 내용만 받아 적으면 별도로 정리할 필요가 없다는 것이다. 물론 수업 중에 복습할 때 사용할 만하게 정리했다면 바로 암기로 넘어가도 된다. 하지만 선생님이 중요하다고 한 내용과 수업 후 스스로 중요하다고 판단한 부분은 반드시 표시해 놓아야 한다. 학년이 높아질수록 선생님이 정리해주는 내용뿐만 아니라 강의에서 별도로 필기해야 할 내용이 많아진다.

종승이는 현재 고3 상위권의 성적을 확보하고 있다. 하지만 고1 때까지만 해도 종승이는 중위권이었다. 고2 때 처음 종승이를 만났는데 수업도 열심히 듣고 복습도 꾸준히 하는 성실한 학생이었지만 주변의 기대만큼 성적은 상승하지 못했다. 종승이가 학습컨설팅을 진행하며 내게 물어본 것은 "왜 공부하지 않은 내용이 시험에 나오는 것인지 모르겠다"였다. 종승이의 주간 학습을 분석해보면 매일 꾸준히 자신의 계획대로 진행하고 있었다. 평일에는 스스로 공부하는 시간을 최대한 확보했고 주말에는 평일에 했던 학습을 복습하고 영어 학원 수업과 수학 과외를 진행하고 있었다. 공부하는 시간이나 계획을 보면 더 이상의 조언을 해주지 않아도 될 만큼 완벽했다.

종승이의 가장 큰 문제점은 계획 수립이나 공부 시간이 아니라 공부 방법이었다. 종승이는 수업은 열심히 듣지만 필기는 제대로 하지 않는 성향이 있었다. 수업 후 종승이는 문제집에 있는 요점 정리에 수업시간에 필기해준 내용만 간단하게 추가한 후 문제 풀이 중심으로 공부하고 있었다. 자신이 정리하기보다 미리 정리된

높기 때문에 적절하게 시간 배분을 해야 한다.

학원, 과외 학습에서 가장 스트레스 받는 요인이 '숙제'다. '복습은 곧 숙제다'라는 말이 있을 정도로 숙제가 많다. 귀찮고 분량이 많기에 숙제를 대충하거나 제출하기 전날 몰아서 한다. 하지만 숙제를 제대로 하지 않는다면 강의와 복습은 아무 의미가 없기에 제대로 할 수 있도록 계획을 수립해야 한다.

숙제할 때 피해야 할 것은 전날 몰아서 하는 것, 내용 정리와 암기 없이 바로 하는 것이다. 내용 정리와 암기가 되어 있어야 숙제도 빨라진다는 말은 강조할 수밖에 없는 공부의 핵심이다. 제대로 공부하는 학생들은 절대 내용 정리와 암기를 그냥 넘어가지 않는다. 정답 확률이 매우 높아지기 때문이다. 이 말은 그만큼 문제 푸는 속도가 빨라진다는 뜻이다. 상위권은 공부 시간 자체가 많기에 숙제하는 데 큰 스트레스를 받진 않는다. 물론 힘들어하기는 하지만 그래도 극복하려 노력한다. 하지만 중위권은 숙제는 빨리 끝내야 하는 골칫거리로 생각하기 때문에 대충하게 된다. 상위권에게는 숙제가 공부가 되지만 중위권에게는 숙제가 공부가 되지 않는 이유다.

숙제가 부담스러울 때는 분산하는 것이 도움이 된다. 매일 숙제 시간을 정해 놓고, 그 시간이 되면 하던 것을 멈추고 숙제를 하는 것이 좋다. 습관은 꾸준히 반복할 때 만들어진다. 10시~11시까지를 숙제 시간으로 정한 다음 매일 꾸준히 한다면 21일 후에는 숙제가 부담스럽지 않게 될 것이다. 또한 주말을 활용해 마무리하지 못했던 숙제를 하는 것도 좋은 방법이다. 몰아서 숙제를 하는 것이 아니라 매일 꾸준히 시간을 정해서 한다면 숙제로 완벽한 복습을 마무리할 수 있다. 숙제가 공부와 복습이 될 수 있도록 계획을 수립한다면 학원이나 과외, 인강에서 배운 내용을 내 것으로 완벽히 만들 수 있다.

내용 정리 → 암기 → 숙제의 패턴으로 공부하는 것이 중요하며, 숙제는 몰아서 하지 말자. 이 말을 고려하여 계획을 세워보도록 하자.

| 학원, 과외, 인강 학습을 완성하기 위한 복습 중심의 학습 계획 |

이번 주 목표	● 개념 + 유형 수학2 학원 수업 범위 복습하기(월, 수, 금) ● 영어 문법기초 인강 3강~5강 시청하고 복습하기(월, 수, 금) ● 국어 한끝기초 종합편 인강 8강~10강 시청하고 복습하기(화, 목, 토)				
날짜	요일	영역	학습 과제	예상 시간	실천 여부
9/2	월	수학	개념+유형 수학2: 학원 과제하기	1시간 30분	O
		영어	영어 문법 인강: 3강 듣기	1시간	O
		영어	영어 문법 인강: 3강 문장 복습하기	1시간	X
9/3	화	수학	개념+유형 수학2: 학원 복습하기	1시간 30분	O
		국어	국어 한끝기초 인강: 8강 듣기	1시간	O
		국어	국어 한끝기초 인강: 8강 복습하기	1시간	O
9/4	수	수학	개념+유형 수학2: 학원 과제하기	1시간 30분	△
		영어	영어 문법 인강: 4강 듣기	1시간	O
		영어	영어 문법 인강: 4강 문장 복습하기	1시간	△
9/5	목	수학	개념+유형 수학2: 학원 복습하기	1시간 30분	
		국어	국어 한끝기초 인강: 9강 듣기	1시간	
		국어	국어 한끝기초 인강: 9강 복습하기	1시간	
9/6	금	수학	개념+유형 수학2: 학원 과제하기	1시간 30분	
		영어	영어 문법 인강: 5강 듣기	1시간	
		영어	영어 문법 인강: 5강 문장 복습하기	1시간	
9/7	토	수학	개념+유형 수학2: 학원 복습하기	1시간 30분	
		국어	국어 한끝기초 인강: 10강 듣기	1시간	
		국어	국어 한끝기초 인강: 10강 복습하기	1시간	
9/8	일	수학	개념+유형 수학2: 주간 복습하기	3시간	
		국어	영어 문법 인강: 주간 복습하기	1시간 30분	
		국어	국어 한끝기초 인강: 주간 복습하기	1시간 30분	

공부를 지금까지 거의 하지 않았다가 이제야 제대로 해보자고 마음먹은 학생은 마음만 급할 뿐 무엇을 어떻게 해야 할지 잘 모른다. 수업을 열심히 들으려 해도 10분만 지나면 이해하지 못해서 자신에게 절망감을 느끼게 된다. 수업 내용을 이해하지 못하기 때문에 복습 또한 제대로 하지 못한다. 당연히 공부하려는 마음은 3일만 지나면 없어지고 공부 자체를 포기하게 되는 상황까지 간다.

얼마 전 지방에서 한 학생이 찾아와서 학습컨설팅을 해준 적이 있다. 고2라고 밝힌 그 학생은 지금까지 공부를 거의 해본 적이 없다고 했다. 중2 때 친구들과 어울려서 놀기만 했고, 학교 폭력 사건의 주범으로 정학까지 받았던 문제아였다. 그런 학생이 갑자기 공부가 하고 싶은 생각이 들었다고 했다. 하지만 마음만 있을 뿐 수업은 들어도 이해가 되지 않고 책상에 앉을 때도 무엇을 어떻게 해야 할지 몰라 그 답을 찾고자 서울까지 올라온 것이다.

이런 학생들에게 중요한 것은 자신이 현재 어느 정도 수준인지 파악하는 것이다. 보통 이런 학생은 고등학생이라도 중학교 수준부터 다시 해야 하는 경우가 많다. 공부의 재미를 얻기 위해선 낮은 수준부터 빠르게 공부하는 편이 낫다.

계획을 수립할 때 첫 번째로 생각해야 할 것은 집중할 과목을 선택하는 것이다. 평소 학교 수업에서 흥미를 느꼈던 과목을 찾아야 한다. 내가 만난 학생 대부분이 사회, 과학, 국어를 흥미 과목이라고 말했다. 국·영·수가 아니어도 좋다. 한 과목을 선택해서 수업에 집중하고 복습을 확실하게 해보는 것이 중요하다. 복습 방법은 앞에서 얘기한 '학교 수업에 집중하는 공부 계획'을 따라 하면 된다.

두 번째, 기초부터 시작해야 한다. 기초부터 시작한다는 것은 중학교 수준부터 다시 해야 한다는 뜻이다. 예로 들었던 학생은 중1 수학, 영어부터 시작했었다. 중1 과정은 마음만 먹으면 1학기 과정을 10일 안에 끝낼 수 있다. 그만큼 쉽고 빨리 풀 수 있다. 이렇게 해야 공부에 대한 흥미가 생긴다. 만약 혼자 공부하는 게 어렵다면 인강을 듣는 것을 추천한다. 주의할 점은 혼자서 공부하되 모르는 부분만 강의를 듣고 다시 문제를 풀어야 한다는 것이다. 강의를 듣고 난 다음은 반드시 정리와 암기 과정을 거친 후 문제를 풀어야 한다.

세 번째, 학교 수업이 이해되지 않더라도 집중하려 노력해야 한다. 내가 컨설팅했던 학생에게는 가능한 한 선생님이 얘기했던 내용을 다 적으라고 했었다. 필기한 내용을 집에 가서 하루 3번씩 반복해서 읽는 과정을 반복하라고도 지도했다. 2주가 지난 다음, 그 학생의 표현에 의하면 '수업이 들리기 시작했다'고 한다. 꾸준히 수업에 집중하려 노력한다면 조금씩 이해되기 시작할 것이다. 수업에 집중하는 것만 적응한다면 충분히 복습도 따라할 수 있게 될 것이다.

네 번째, 조급함은 포기를 부른다. 절대 다른 친구와 비교하며 공부하거나 계획을 세워선 안 된다. 다른 친구에 비해 공부 시간이 적거나 진도가 늦을 수 있다. 하지만 시작은 뒤처져 있지만 시간이 지날수록 점점 거리를 좁힐 수 있다고 믿어야 한다. 포기했던 친구들이 다시 공부를 시작하면 성적이 빠르게 상승한다.

4 예·체능 계열의 공부 계획 수립

예·체능 계열은 학교에서 배우지 않는 실기 영역을 스스로 해야 한다. 물론 학교에서 예·체능을 별도로 수업하는 학교도 있다. 하지만 그런 상황에서도 대부분의 학생은 사교육을 활용한다. 예·체능 계열 학생들과 상담해보니 가장 불안해하는 점은 일반 학생들에 비해 수능을 제대로 대비하지 못한다는 것과 학교에서 배우는 과목을 제대로 공부할 시간이 부족하다는 것이었다. 예·체능 계열도 수능을 봐야 하고 중간, 기말고사를 치러야 한다. 당연히 학교 수업을 복습해야 하지만 공부 시간이 다른 학생들에 비해 부족하기 때문에 성적이 목표만큼 나오지 않는다. 하지만 목표로 하는 대학이나 고등학교를 입학하려면 내신과 수능을 포기해선 안 된다. 보통 예·체능 계열이라 하더라도 고1과 2학년 1학기까진 학과 공부에 집중하며 이후부터 실기에 집중한다. 학과 공부에 집중하는 시기에는 '학교 수업에 집중하는 공부 계획 수립'을 참고해서 실천하는 것이 좋다.

예·체능 계열의 공부 포인트는 '단기 집중'이다. 짧은 시간이라도 활용해 집중해서 공부하는 습관을 만드는 것이 중요하다. 명문대를 진학한 예·체능 계열 학생들을 살펴보면 수능 성적과 내신에서 상위권인 경우가 많다. 그 학생들이 실기 준비를 하면서도 상위권 성적을 유지할 수 있었던 비결은 '불안감'과 그에 따른 '집중'이라 말한다. 다른 학생들에 비해 짧은 시간을 이용해 학과 공부를 해야 하니 자연스럽게 집중력이 생겼다고 한다. 물론 그런 학생들도 처음에는 집중하는 것을 어려워했다. 하지만 자신의 상황을 정확히 파악하고 '자투리' 시간을 활용하는 계획을 수립하여 습관화함으로써 불리함을 극복했다.

예·체능 계열을 준비하는 학생들끼리 수능이나 내신시험을 본다면 크게 문제될 일이 없지만 현실은 그렇지 않다. 또한 앞에서도 말했듯이 그럼에도 상위권을 유지하고 있는 예·체능 계열 학생들 또한 많다.

예·체능 계열은 하루 2시간 집중 시간과 1시간 자투리 시간으로 계획을 수립하는 것을 추천한다. 아무리 실기가 많고 힘들더라도 하루에 기본적으로 복습 시간을 2시간은 확보해야 한다. 이동이 많은 예·체능 계열 학생은 자투리 시간이 많기에 특히 자투리 시간을 확인해서 시간을 확보한다.

2시간의 집중 시간에서 가장 중요한 것은 학교 수업을 복습하는 것이다. 선행학습 자체가 어려운 예·체능 계열 학생은 가능하면 학교 수업 후 그 내용을 제대로 복습해야 한다. 물론 고3은 국어나 영어를 사교육 받기도 하지만 그런 경우라도 학교 수업을 활용한 복습은 매우 중요하다. 많은 것을 공부하기 어렵기 때문에 배운 내용을 정확히 이해하는 과정으로 복습해야 한다.

복습 시간이 부족해서 수업에서 배운 내용을 별도로 정리하기 어렵다면 교과서나 프린트물에 중요한 것을 표시하고, 가능한 한 반복해서 읽어보면서 이해하는 것이 좋다. 물론 암기해야 할 것이라고 생각되는 것들은 시간이 될 때 암기해야 한다. 만약 시간이 부족하다 생각되면 암기할 내용을 별도로 정리하거나 표시해서 주말이나 자투리 시간에 외우자. 당일 복습의 원칙을 꼭 지켜야 예·체능 계열도 성공적인 공부 습관을 만들 수 있다.

계획 수립의 두 번째 포인트는 바로 주말 활용이다. 평일보단 주말에 시간을 더 확보할 수 있기 때문에 한 주 동안 배웠던 내용을 주말에 다시 한 번 복습하는 계획을 수립해야 한다. 평일 2시간 집중 시간과 자투리 시간을 활용하여 학습한 내용을 주말에 반복 학습하는 패턴이야말로 적은 시간을 가장 효율적으로 사용하는 학습 패턴이라 할 수 있다.

일반 학생들과 비교하며 자신의 공부 시간이 부족한 것을 한탄해봤자 불안감만 더 쌓일 뿐이다. 현재 자신의 위치를 받아들이고 다르게 공부하는 것이 결국 성적 상승으로 이어짐을 잊지 말아야 한다. 예·체능 계열 학생들과의 상담에서 가장 힘든 것이 불안감을 없애는 것이었다. 불안감을 극복하고 자신만의 페이스를 꾸준히 유지하면 결국은 목표로 하는 성적에 도달할 수 있다.

| 예·체능계 학생을 위한 집중 학습 계획 |

이번 주 목표	● 사회 3단원 완벽 이해, 암기(월, 수, 금) 예습(화, 목/자투리시간 활용) ● 영어 교과서 단어와 문장 암기(월, 수, 금/자투리시간 활용) ● 수학 학교 수업 수2 집합 단원 복습(화, 목, 토) ● 국어 자습서 복습, 핵심내용 정리(화, 목, 토)				

날짜	요일	영역	학습 과제	예상 시간	실천 여부
9/2	월	사회	3-(1) 복습(이해, 암기)	1시간 30분	암기 부족
		영어	lesson11 단어, 문장 암기	45분(자투리 시간 활용)	OK
		영어	예습(미리 읽어보기)	30분	X
9/3	화	수학	학교 수업 복습: 수2 집합 (1)	1시간	이해 부족
		국어	자습서 복습, 핵심내용 정리	1시간	OK
		사회	3-(2) 예습(교과서 미리 읽어보기)	30분(자투리 시간 활용)	OK
9/4	수	사회	3-(2) 복습(이해, 암기)	1시간 30분	
		영어	lesson12~13 단어, 문장 암기	45분(자투리 시간 활용)	
		국어	예습(교과서 미리 읽어보기)	30분	
9/5	목	수학	학교 수업 복습: 수2 집합 (2)	1시간 30분	
		국어	자습서 복습, 핵심내용 정리	1시간	
		사회	3-(3)~(4) 예습(미리 읽어보기)	30분(자투리 시간 활용)	
9/6	금	사회	3-(3)~(4) 복습(이해, 암기)	1시간 30분	
		영어	lesson14 단어, 문장 암기	45분(자투리 시간 활용)	
		국어	예습(교과서 미리 읽어보기)	30분	
9/7	토	수학	학교 수업 복습: 수2 집합 (3)	2시간	
		국어	자습서 복습, 핵심내용 정리	1시간	
		영어	주간 단어, 문장 암기 점검	2시간	
9/8	일	수학	수2 집합 단원 총정리	3시간	
		국어	주간 수업 복습 총정리	1시간	
		영어	주간 수업 복습 총정리	1시간	
		사회	주간 수업 복습 총정리	1시간	

공부 습관을
완성하는
효율적인 학습방법

ABC不明
오답노트

1 나에게 맞는 효율적인 공부 방법 찾기

 어떻게 하면 중간에 학습 계획을 포기하지 않을까요?

자신에게 맞는 계획을 수립했다면 이제 움직여야 한다. 하지만 계획을 잘 수립했더라도 세부적인 실행 방법을 정하지 않으면 습관이 만들어지지 않는다. 특히 계획을 꾸준히 실행하지 못한 경험이 있는 학생은 다시 실패할 확률이 높기 때문에 구체적인 실행 방법을 정하고 매일매일 꾸준히 따라 해야 한다.

우리의 가장 중요한 목적은 바로 '나에게 가장 적합한 공부 습관을 만드는 것'이다. 공부 습관이란 매일 꾸준히 정해 놓은 방법으로 공부하는 것이다. 습관이 만들어지려면 정해 놓은 방법이 효과적이라는 느낌을 받아야 하고 실행하기 쉬워야 한다. 그렇기에 실행 단계에서는 효과적인 공부 방법을 정확히 이해하고 적용하는 것이 중요하다. 이번 장의 핵심이 바로 '실행할 수 있는 공부 방법' 따라 하기다.

분명 투자한 시간만큼 아니 그 이상의 효과를 볼 수 있는 공부 방법이 존재한다. 하지만 보통 학생은 그런 방법으로 공부하는 것이 아니라 마음이 급해졌을 때(예를 들어 시험 직전, 학원 숙제를 급히 해야 할 때) 그저 그 상황에 대처하려고 공부한다.

이렇게 공부하면 며칠만 지나도 그 내용을 잊어버린다. 수능은 고1부터 고3까지 배운 지식 모두를 활용해야 해결되는 문제로 구성되어 있다. 내신을 위해 반짝 집중했다가 시험이 끝난 후에 다시 예전으로 돌아가는 방식으로 생활한다면 분명 고3 때 공부 양을 늘려도 성적이 오르지 않는 현상이 발생한다. 평소에 어떤 공부 습관을 가지고 있느냐에 따라 대입 결과는 크게 바뀐다.

내가 학습 컨설팅을 진행했던 학생 중 흔히 '영재'라고 불리는 '민우'가 있었다. 민우는 중학교 때 특별히 공부하지 않더라도 반에서 1등을 유지했다. 교과서를 한 번만 읽어도 그 내용을 기억하는 놀라운 능력 덕분이었다. 민우는 평상시에는 특별히 공부하지 않다가 시험 보기 일주일 전에 집중해서 교과서와 문제를 푼 다음 시험을 보고 나면 다시 공부를 하지 않는 패턴을 반복했다.

부모님 또한 민우가 상위권 성적을 유지하고 있었기에 평상시에 공부 시간이 적어도 특별히 문제가 있다고 판단하지 않았다.

문제가 심각해지기 시작한 것은 고2부터였다. 중학교 상위권이었던 민우는 고등학교 진학 후에도 같은 공부 방법을 유지했다. 하지만 시험 성적은 꾸준히 하락했고, 처음은 실수라 생각했던 것들이 점점 불안 요소로 자리 잡기 시작했다. 물론 학원이나 과외를 통해 문제를 해결하려 했지만 결과가 좋지 않아 컨설팅을 받게 되었다.

이 글을 읽은 후 민우의 문제점을 말하라고 한다면 누구나 쉽게 얘기할 수 있을 것이다. 꾸준히 공부하지 않았기에 어쩌면 당연한 결과가 아니냐고 할 수 있겠지만 민우 본인도 그걸 느끼고 개선하려는 노력을 1년 동안 했었다. 스스로 노력했는데 결과가 제대로 나오지 않아 점점 좌절감만 생기고 대학 진학을 포기하려는 생각까지 이르게 된 것이다.

민우와는 정반대인 '효연'이라는 학생이 있었다. 효연이는 노력해도 성적이 나오지 않는다며 큰 좌절감을 느끼고 있었다. 다른 친구보다 더 많은 시간을 공부했고, 선생님도 열심히 하는 모습에 칭찬을 아끼지 않았다. 고1 진학 후 담임선생님은 효연이가 분명 전교에서 상위권 성적을 얻을 것이라 믿어 의심치 않았고 기대를 많이 했다. 하지만 첫 시험에서 효연이는 반에서 중간 정도 되는 성적을 받았다. 친구들과 선생님 모두 충격이었고, 그런 현상은 2학년까지 계속되었다. 효연이를 만났을 때 제일 먼저 눈에 띈 것이 공부 계획을 적은 플래너와 정리 노트였다. 열심히 한다는 생각이 자연스럽게 들 정도로 플래너를 꼼꼼히 정리했고, 수업 내용 또한 친구들이 복사해 갈 정도로 깔끔하게 정리되어 있었다. 왜 효연이는 성적이 나오지 않았을까?

민우와 효연이 모두 보이지 않는 문제점이 있었다. 민우의 가장 큰 문제점은 바로 '자만심'이었다. '지금 성적은 내 실력이 아니다'라는 생각과 본인의 머리가 다른 친구에 비해 뛰어나기 때문에 마음만 먹는다면 쉽게 성적을 올릴 수 있을 것이라 생각했다. 자신에게 맞는 계획과 공부 방법을 고민하기보다 공부가 잘될 때는 몰아서 하고 집중이 잘 안 될 때는 쉬는 과정을 반복했다. 또한 한 번 훑어본 다음에 문제를 풀면 오답이 거의 없어 만족하고 다음 문제로 넘어갔었다. 실제 풀었던 문제집을 보면 10개 중 9개는 정답이었기에 그 누구도 민우가 무엇을 잘못 했는지 모를 수밖에 없었다.

사실 민우는 단기 기억 능력이 매우 뛰어난 학생이었다. 하지만 꾸준히 복습하는 습관은 없었기에 막상 시험을 볼 때는 기억이 사라져서 문제를 많이 틀렸던 것이다. 만약 민우가 복습하는 습관을 만들었다면 어떻게 됐을까? 결과적으로 민우는 고2 때부터 복습 습관을 만들었고 성적은 상승하기 시작했으며 목표했던 대학에 합격할 수 있었다.

효연이의 가장 큰 문제는 시간 투자 대비 효율이었다. 효연이는 수업도 열심히 듣고 정리도 열심히 했지만, 거기까지였다. 확실히 암기하는 과정이 없었기에 머릿속에 들어 있는 내용은 거의 없는 것이나 마찬가지였다. 또한 문제 풀이를 한 후 오답을 잘 정리해 놓았지만 반복 학습은 하지 않았기에 틀리는 문제를 또 틀리는 경우가 자주 발생했다. 효연이는 틀린 문제를 예쁘게 정리만 했을 뿐이었다. 만약 효연이가 정리하는 시간을 줄이고 암기와 오답 정리에 시간을 더 투자했다면 어떻게 됐을까? 컨설팅이 진행되면서 효연이는 점점 정리 노트에 색깔 볼펜을 쓰지 않았고, 글씨도 예쁘지 않게 되었다. 주변 친구들은 효연이가 공부를 점점 하지 않는다 생각했지만 사실 암기와 오답 정리에 더 많은 시간을 투자하면서 보여주기 위한 공부가 아닌 자신의 것으로 만드는 공부를 하게 된 것이다. 고3이 된 효연이는 반에서 더 이상 위에 있는 친구가 없다.

이처럼 무작정 열심히 공부한다고 성적이 상승하는 것이 아니다. 효율적인 방법을 적용하고 유지해야 크게 상승하는 것이다. 민우와 효연이는 누구보다 불안해했고, 공부 자체를 포기하려 했었다. 하지만 실행 방법을 조금 수정함으로써 결과가 크게 바뀌었다. 나는 누구나 민우나 효연이처럼 문제를 갖고 있다고 생각한다. 하지만 그 문제는 분명 해결할 수 있는 것이다. 이 책을 읽고 있는 누구나 지금부터 얘기하는 방법을 따라 한다면 공부에 자신감이 생김과 동시에 재미를 느낄 수 있을 것이다.

2 수업에 집중하는 습관 들이기

 수업 시간에 무엇을 해야 효율적일까요?

한 시간의 수업에서 시험 문제가 몇 문제 출제되는지 생각해본 적 있는가? 이렇게 가정해보자. 선생님이 수업하기 전 "오늘 수업에서 반드시 한 문제 이상 출제할 거다!"라고 말씀하셨다면 학생들은 어떤 반응을 보일까? 공부를 하고자 하는 마음이 있는 학생은 분명 선생님의 강의 내용에 최대한 집중하려 노력할 것이다. 뿐만 아니라 선생님이 판서하는 내용을 최대한 자세히 필기하고, 수업이 끝난 후에는 친구들과 어떤 문제가 나올지, 생각을 공유하지 않을까?

왜 수업에 집중해야 하는지 이유를 반드시 알고 있어야 한다. 그래서 나는 항상 학생들에게 이 말을 시작으로 공부 전략을 얘기한다.

"한 시간의 수업에서 한 문제 이상의 시험 문제가 반드시 출제되고 있다. 오늘 수업에서 어떤 문제가 출제될지 확인하는 과정이 바로 수업에 집중하는 핵심 공부법이다."

중·고등학생 모두 내신 스트레스를 안고 있다. 내신은 학교에서 배운 내용을 얼마나 정확히 기억하고 있는지를 물어보는 시험이다. 그렇기에 머리가 좋고 나쁨에 따라 성적이 결정되는 것이 아니라 얼마나 많은 내용을 이해하고 암기하느냐에 따라 결정된다. 하지만 동일한 시간을 공부하더라도 시험 점수는 차이가 난다. 아니 오히려 시간을 적게 투자한 학생이 시험 점수가 더 좋은 경우도 있다. 왜 그런 결과가 나오는 것일까? 바로 '얼마나 수업에 집중했고, 수업의 내용을 얼마나 기억하고 있느냐'에 따라 달라지기 때문이다.

선생님은 시험 문제를 여러 번 출제한 경험이 있다. 그렇기에 수업을 하면서 자연스럽게 중요한 것을 강조할 수밖에 없다. 뿐만 아니라 매시간 지속적인 힌트를 주기도 한다. 물론 그런 힌트 없이 수업을 한다거나 다른 학습 활동을 진행하는 경우도 있지만,

중요한 내용에서는 본인도 모르게 목소리에 힘이 들어가거나 평상시와는 다른 표현을 쓰기도 한다. 바로 수업에서 이런 표현이나 억양을 느낄 수 있다면 시험 대비를 다른 친구들보다 더 쉽게 할 수 있지 않을까?

하지만 내가 컨설팅한 학생 중에서 이런 차이점을 느낄 수 있는 학생은 많지 않았다. 상위권을 제외한 학생 대부분은 수업에 집중해도 선생님의 힌트를 찾기 어렵다고 반응했다.

만약 힌트를 느낄 수 없다면 이 방법을 사용하기 바란다. 바로 '한 시간 수업을 들으면서 중요한 내용을 반드시 10개를 찾아라!' 다. 수업을 듣다 보면 선생님이 중요하다고 표현하는 경우가 있다. 또는 내가 중요하다고 생각하는 내용도 있다. 물론 수업을 다 들었는데도 중요하다고 생각했던 내용이 없을 수도 있다. 그렇다고 하더라도 한 시간의 수업 내용에서 무조건 10개를 찾아야 한다. 한 시간 수업에서 시험 문제가 한 문제는 반드시 출제되기 때문에 적어도 출제 예상 내용을 10개는 찾아내야 하는 것이다.

수업에 집중하는 목적은 바로 이 10개의 중요 내용을 찾아내는 것이다. 아무런 목적과 이유 없이 수업을 듣다 보면 분명 집중력이 떨어지고 졸음이 몰려올 수밖에 없다. 하지만 10개의 중요 주제를 찾아낸다는 명확한 미션이 있다면 수업에 집중할 수 있다.

한 시간 동안 10개의 중요 내용 찾기 미션을 학생들과 진행하

며 가장 많이 받은 질문이 '어떤 과목에서 그렇게 해야 하는가'
다. 학교마다 과목별로 가르치는 방식이 무척 다르다 보니 의문점
이 들 수밖에 없다.

예를 들어 수학은 개념 강의와 문제 풀이로 수업이 진행된다.
이때는 중요한 내용을 정리하기가 어렵다. 특별히 정리할 것이 없
다면 수학에서는 이런 방식을 하지 않아도 된다. 하지만 '정리 →
암기 → 문제 풀이 → 오답 정리'의 순서에서 정리와 암기가 빠지
는 대신 문제 풀이와 오답 정리에 많은 시간을 투자한다는 생각으
로 학습해야 한다.

국어는 지문을 읽고 설명하는 방식으로 수업이 진행될 때가 있
다. 이럴 때는 한 시간 수업에서 중요한 내용을 정리하기 어렵다
고 문의하는 학생들이 많았다. 특히 어떤 학교는 한 시간 동안 지
문을 정확히 읽는 수업을 하기도 한다. 만약 수업이 토론이나 글
쓰기, 읽기 수업으로 진행된다면 바로 문제 풀이로 넘어가도 된
다. 하지만 지문을 선생님이 설명할 때는 반드시 10개의 중요한
주제를 정리할 필요가 있다. 선생님이 설명하는 부분이 있다면 반
드시 10개를 찾아내야 한다.

영어는 10개의 중요 내용을 찾는 것이 어렵지 않다. 선생님이
설명이나 예시를 많이 활용하기 때문에 보통 10개 이상의 중요 내
용을 정리할 수 있다. 과학이나 사회도 교과서나 프린트 물을 중
심으로 수업이 진행되기 때문에 이 방법을 적용하는 것은 어렵지

않을 것이다.

가끔 학원에서 선행학습한 학생은 이미 배웠다는 이유로 정리할 필요가 없다고 생각하기도 한다. 하지만 이런 학생이 시험에서 실수를 하고, 후회하는 전형적인 중위권이 된다. 내신 상위권 학생은 알고 있더라도 반복한다는 생각으로 수업에 집중한다는 것을 잊지 말아야 한다. 상위권을 따라잡으려면 이미 알고 있더라도 수업에 집중하면서 나는 별로 중요하지 않게 생각한 부분인데 선생님은 강조하는 부분이 있는지 살펴볼 필요가 있다.

선행을 중요하게 생각하고 고등학교 생활을 하는 민규는 모든 공부를 학원과 인강으로 하고 있었다. 중상위권이라고 생각하고 있는 민규는 학교 선생님의 수업이 지루하고 재미가 없는 반면 학원이나 인강 선생님들은 재미있게 가르치고 숙제도 많이 주기 때문에 자연스럽게 학교 수업에 흥미와 관심을 잃게 됐다. 학교 수업 시간에는 숙제를 하거나 영어 단어를 외우는 등 자신만의 공부를 했다. 가끔 선생님께 지적받기도 했지만 현재 자신이 공부하는 방법이 서울대에 진학한 선배의 공부 노하우와 같다는 글을 인터넷 카페에서 읽은 적이 있어서 분명 성적이 상승할 것이라 믿었다. 또한 남들과 공부 시간을 비교했을 때 부족하지 않았기에 꾸준히 노력하면 성적은 상승할 것이라 믿었다. 학원 선생님도 꾸준히 열심히 하는 민규에게 이렇게만 하면 성적이 상승할 수 있다고

말해 자신감이 있었다. 하지만 시간이 지날수록 공부 스트레스가
커지기 시작했다. 공부한 만큼 성적이 나오지 않았기 때문이었다.
모의고사는 상위권 실력을 유지했지만 내신이 상대적으로 크게 떨
어지고 있었다. 학원에서 내신 대비를 해주는 것을 믿고 걱정을 안
했는데, 학교 시험에서 실수를 자주 했다.

민규를 만나 공부 내용을 점검했을 때 가장 문제가 됐던 부분
은 학교 수업에 집중하지 않는 점이었다. 또한 본인이 실수라 생
각했던 부분은 실수가 아니라 정확히 시험 문제의 방향을 이해하
지 못했기 때문이었다.

민규에게 바로 앞에서 얘기한, 수업 시간에 10개의 중요 내용
을 찾아내는 미션을 주었다. 수업에 집중할 필요는 없지만 반드시
중요한 내용과 선생님이 주는 시험 출제에 대한 힌트를 찾고, 반
드시 메모한다는 약속을 받고 2주 동안 이 과정을 진행하게 하
였다.

2주 후 민규는 국어와 과학에서 60개씩 중요한 내용을 정리했
다. 또한 선생님이 은연중에 반드시 서술형으로 낸다고 얘기한다
거나 설명이 길어지는 내용을 확인했고 그 내용을 반복해서 외웠
다. 학원이나 인강에서는 그냥 넘어간 내용들이라서 평소에 중요
하다는 생각을 하지 않고 넘어간 내용에 집중하기 시작한 것이다.

민규는 이런 말을 했다. "처음 정리할 때는 내가 중요하지 않다

고 생각했던 내용을 선생님이 자세하게 설명하거나 중요하다고 말씀하시는 것을 이해하기 어려웠어요. 사실 (선생님의) 실력이 부족해서 중요한 포인트를 놓치고 있구나 하는 생각을 하기도 했었죠. 하지만 중요하다고 강조한 것을 표시한 다음 복습했는데 그게 시험에 나오더라고요!"

시험은 학교 선생님이 출제하는 것이다. 선생님이 중요하다고 생각하는 것이 학원이나 인강 선생님과는 다를 수 있고 관점 또한 다를 수 있다. 그런 것을 정확히 확인하지 않으면 성적을 올린다는 것은 불가능하다.

민규는 이제 수업 시간에 다른 공부를 하지 않는다. 열심히만 한다고 성적이 상승하지 않는다는 것을 깨닫고 본인이 집중해야 할 것에 제대로 집중하기 시작했다. 내신 성적이 상승하기 시작했고, 모의고사 성적 또한 상위권 성적을 유지하고 있는 민규는 분명 본인이 원하는 대학에 합격할 수 있을 것이라 확신한다.

민규는 열심히 공부하는 학생이었지만 문제점은 내신을 대비하는 공부를 하지 못했다는 것이었다. 사실 민규와 같은 문제점은 중위권이라면 누구나 가지고 있는 고민일 것이다. 사교육에서 정답을 찾기보다 학교 수업에서 해결책을 찾는 것이 내신 점수를 향상시키는 방법임을 잊지 말아야 한다. 민규뿐 아니라 많은 고등학생이 내신의 불안감을 이 방법을 통해 해결했다. 수업에 집중하는 것, 그 안에서 중요한 내용 10개를 찾아내는 학습 방법은 여러분에게 내신에 대한 자신감을 심어줄 최고의 공부 방법이 될 것이다.

위의 내용으로 학교나 외부에서 강연을 하자 학생들이 수업에 집중하려 노력하는 모습이 보이기 시작했다. 하지만 처음에는 집중했지만 시간이 흐를수록 제대로 집중하지 못하게 되었다는 문의를 받았다. 집중하려고 노력하는데 마음과는 달리 졸음이 쏟아지고 잡생각이 난다는 것이다. 다른 학생은 성공했다고 하는데 자신만 실패하고 있다는 불안감이 생기기 시작했다는 것이다. 사실 한 번에 제대로 방법을 익히고 꾸준히 할 수 있다면 좋겠지만 그러지 못하는 경우가 많을 수밖에 없다. 이 또한 습관이 만들어지지 않았기 때문이다.

3주간의 노력이 없다면 습관이 만들어지지 않는다. 머리는 해야 할 것을 알고 있지만 아직 몸은 받아들일 상태가 되지 않았기에 이런 현상이 발생한다.

수업에 집중이 안 될 때, 머릿속에서만 노력하는 것이 아니라 몸도 노력해야 습관이 만들어진다. 요즘 학교에서는 졸리면 뒤에 나가서 수업을 듣게 한다. 잠에서 깨는 가장 좋은 방법이다. 졸음은 내 의지와 관계없이 수업을 방해한다. 만약 뒤에 서서 공부할 수 있는 환경이라면 적극적으로 활용할 것을 권한다. 집중력이 좋아지며 몸도 곧 적응할 것이다.

집중이 잘 되지 않을 때 사용할 두 번째 방법은 바로 손을 이용하는 것이다. 가장 좋은 결과를 얻을 수 있는 방법이다. 선생님이 말씀하는 내용을 모두 적는 것이다. 글씨를 예쁘게 쓰는 것이 아니라 수업을 들으면서 눈은 정면을 보고 손은 꾸준히 수업 내용을 적는다. 수업 시간에 계속 손을 사용하면 졸음이나 잡생각이 생길 시간이 없다. 자연스럽게 수업에 집중할 수 있게 되니 이 방법도 활용해보길 권장한다.

수업 후 정리할 것이 많으면 그만큼 뿌듯함을 느낀다. 수업에 집중했다는 증거를 내가 직접 눈으로 볼 수 있기 때문이다.

이 외에도 개인의 경험에 따라 많은 것을 시도해볼 수 있다. 어떤 학생은 자신의 목표를 책상에 붙여 놓고 집중이 안 될 때마다 본다고 한다. 수업에 집중할 자신만의 방법을 고민하고 실천하다 보면 수업에 집중하는 것이 자연스러워질 것이다.

중위권에서 상위권으로 상승한 학생의 수업 집중법

성적이 갑자기 상승한 친구들을 본 적이 있을 것이다. 꾸준히 성적이 올라 결국 좋은 대학에 입학하는 그들을 보면 부러울 것이다. 그들은 왜 성적이 상승하기 시작했을까? 중위권에서 상위권으로 상승한 학생을 연구해보면, 공부 시간이 크게 늘어난 경우는 많지 않다. 사실 평일 공부 시간은 상위권이나 중위권이나 크게 차이 나지 않는다는 조사 결과가 이미 나와 있다. 결론은 주어진 시간을 활용하는 방법이 변한 것이다. 특히 평소에 학교 수업에 집중하지 않았다가 수업에 집중하기 시작하면서 모든 공부가 자연스럽게 제대로 진행되기 시작한다.

그들도 물론 처음에는 수업에 집중하기 어려웠을 것이다. 하지만 꾸준히 노력해서 결국은 상위권을 따라잡았다. 어떤 방법을 썼기에 집중할 수 있었을까? 그들이 말했던 방법을 정리하면 크게 세 가지로 나뉜다.

첫째, 필기를 많이 하면서 집중하려 노력했다. 처음에는 힘들었지만 꾸준히 필기하면서 수업에 집중하기 시작했다. 이 방법은 앞에서 설명하였기에 넘어가자.

둘째, 가능하면 앞자리에 앉는다. 학교마다 다르지만 수업시간에 자리 배치를 자유롭게 하는 학교가 있다. 또는 친구에게 얘기해서 앞자리로 이동하여 수업을 들었다. 앞으로 갈수록 수업에 집중할 수 있었고 졸고 있으면 왠지 혼날 것 같아서 더욱 집중했다고 한다.

셋째, 수업 내용을 미리 확인한다. 내용을 알고 있는 상태에서 수업을 들으면 더욱 집중하기 편하다.

앞에서 말한 방법 이외에도 자신만의 방법으로 수업에 집중한 학생들이 있었는데, 이들의 공통점은 집중력이 떨어지려 해도 꾸준히 노력했다는 점이다. 집중이 된다고 느끼기 시작한 시점은 노력한 후 일주일이 지난 후부터라고 한다. 중위권에서 상위권으로 도약하는 시작점이 바로 학교 수업에 집중하기 시작했을 때라는 것을 잊지 말아야 한다.

상위권의
수업 집중 방법

상위권은 이미 수업에 집중할 능력이 있다. 또한 이미 수업에 집중하므로 상위권일 확률이 높다. 학원이나 과외에서 미리 수업을 듣고 완벽히 이해가 되어 있어서 수업에 집중하지 않는 학생도 더러 있지만 이런 학생 대부분은 고1 초기에 상위권을 유지하다가 점차 하락하기 시작한다.

하지만 상위권도 수업에 대한 고민이 있다. 상위권인데 수업에 대한 고민이 있다면 현재 올바른 수업 집중을 하고 있는지 점검해 보기 바란다.

첫째, '시험에 나올 내용을 정확히 찾아낸다'는 생각이 필요하다. 뿐만 아니라 이런 고민을 하면서 복습 방향도 한꺼번에 정리해야 한다. 혼자서 해결할 수 있는 내용, 질문을 통해 해결할 사항, 외워야 하는 것, 다른 자료를 확인해야 할 것 등 복습 방법도 같이 고민하면서 수업을 들어야 한다. 그래야 복습 시간이 줄어들고 자신이 원하는 공부를 할 시간을 벌 수 있다. 상위권은 수업 정리뿐 아니라 수능 공부를 별도로 하거나 심화학습을 추가하는 경우가 많다. 그런 학생의 마음은 다른 학생보다 더 급하다. 그래서 상위권이 오히려 공부에 대한 불안감과 부담감이 크다. 수업을 들으면서 복습 방향까지 정리해두면 부담감을 크게 줄일 수 있다.

둘째, 돌다리도 두들겨 본다는 생각을 해야 한다. 상위권은 이미 내용을 알고 있으므로 수업에 큰 의미를 두지 않아도 된다는 유혹에 빠질 수 있다. 그래서 그 시간을 활용해 단어를 외운다든지 다른 공부를 하는 경우도 종종 발생한다. 사실 50분의 수업 시간 동안 혼자서 몰래 공부하면 얼마나 하겠는가? 차라리 배운 내용을 내신을 대비하기 위해 다시 한 번 복습한다는 생각을 갖고 수업에 집중하는 것이 효율적인 공부 방법이다.

상위권도 실수를 한다. 그런 실수를 없애려면 수업에 반드시 집중해야 함을 잊지 말아야 한다. 얼마나 좋은 기회인가? 배운 내용을 다시 한 번 반복할 수 있다는 것이 말이다.

학교 성적이 우수한 학생들은 과연 어떤 학생들일까? 머리가 좋은 학생들일까? 절대 아니다. 내신이 좋은 학생은 바로 노력하는 학생이다. 고등학교에서는 노력한 학생을 머리 좋은 학생이 절대 이길 수 없다. 상위권 학생 또한 마찬가지다. 중간고사 성적이 잘 나왔다고 기말고사 성적 또한 잘 나오리란 법은 없다. 중위권에서 갑자기 상위권으로 진입하는 친구에게 뒤떨어질 수도 있다. 내신은 꾸준히 해야 하는 것이기에 절대 방심하거나 가볍게 봐서는 안 된다. 대입에서도 내신은 중요도가 크다. 한 번의 방심이 나중에 크게 후회할 일을 만든다. 수업에 집중하는 것은 상위권에게도 매우 중요하다는 것을 잊지 말자.

중위권의
수업 집중 방법

수업에 집중했을 때 가장 효과가 높은 성적대가 어디냐고 물어본다면 난 주저 없이 중위권이라 말한다. 중위권은 가능성이 가장 많은 그룹이다. 컨설팅이나 강연에서 가장 많은 효과를 봤다고 말하는 그룹 또한 중위권이었다. 중위권은 공부 방향만 조언해주어도 효과가 나타나는 최고의 그룹이다.

중위권 학생을 만나면 꼭 강조하는 내용 역시 '학교 수업 집중'이다. 의외로 중위권은 학교 수업에 집중하지 않는다. 수업을 제외한 나머지 시간은 상위권과 크게 차이를 보이지 않는 경우도 많다. 만약 중위권이 수업에 집중하기 시작하면 성적이 꾸준히 상승할 것이다.

중위권은 수업을 시작하기 전에 반드시 해야 할 것이 있다. 바로 3분 동안 오늘 배울 내용이 어떤 것인지 확인하는 것이다. 이것이 수업에 집중하는 좋은 방법이다. 꼼꼼하게 보는 것이 아니라 전체적인 내용을 확인하는 과정은 수업에 집중하는 첫 번째 계기가 된다. 수업 내용을 따라가는 면에서는 상위권과 중위권이 큰 차이가 없다. 단지 집중력이 상위권에 비해 빨리 떨어지는 것이 문제일 뿐이다. 집중력을 유지할 방법만 찾는다면 상위권을 따라잡을 수 있다.

3분 동안 배울 내용을 확인한 이후에 15~20분이 지나면 집중력이 떨어지기 시작한다. 이 시간만 잘 넘기면 집중력이 수업이 종료될 때까지 이어진다. 집중력이 떨어지고 있다는 것을 느꼈다면 바로 행동해야 한다. 물론 책상에 앉아 있는 상태에서 취할 수 있는 조치는 많지 않다. 하지만 자신만의 방법을 찾아보자.

자신만의 수업 집중 방법을 찾을 수 있다면 더 좋은 효과를 얻을 수 있다. 혼자 방법을 정하고 진행하는 게 힘들다면 방법을 정해서 친구와 같이 해보는 것도 효과가 좋다. 수업에 집중하는 데에는 몇 번의 고비가 있다. 집중력이 하루아침에 바로 만들어지는 것이 아니다. 집중하는 습관은 일정 시간이 지나야 만들어진다. 하지만 수업에 집중하기 시작하면 이후 복습이나 시험 대비를 할 때도 유리하다. 중위권이 상위권을 따라잡으려면 가장 중요하게 생각해야 할 것이 수업 집중이고, 이것이 공부의 시작임을 잊지 말아야 한다.

중위권은 이것만 생각해야 한다. '내가 상위권보다 성적이 떨어지는 이유는 바로 학교 수업 집중 부족 때문이다' 라는 사실을!

정리 노트

수업에 집중하는 방법

| 필기하는 볼펜(또는 색)을 바꿔 분위기를 바꾼다.

| 몸을 꾸준히 움직이면서 졸음을 이겨낸다.

| 꼭 이기고 싶은 경쟁자가 어떻게 수업을 듣고 있는지 확인한다.

| 일어나서 수업을 듣는다.

하위권의
수업 집중 방법

하위권이 공부를 제대로 해보고자 하는 마음을 먹는다는 것 자체가 쉬운 일이 아니다. 문제는 이런 마음을 먹었다고 바로 공부가 되는 것이 아니라는 것이다. 지금까지 제대로 공부하지 않았던 부분을 극복하지 못한 상황에서는 아무리 노력하려 해도 수업이 이해되지 않고 집중하기 어렵다. 하위권이 수업에 집중하려면 일반 학생들과 다른 노력이 필요하다.

고2인 상현이는 반에서 하위권 성적을 유지하고 있었다. 평소에 게임에 빠져 있었던 상황이라 공부를 제대로 하지 않았다. 부모와도 매일 싸웠고 학교에 가는 것조차 싫었다. 그러던 상현이가 게임을 하다가 갑자기 재미가 없다는 생각을 했다. 내게 상담을 요청했을 당시 상현이는 "하루 4~5시간씩 게임을 하지 않으면 불안한 마음까지 있었는데 어느 날 허무하다는 생각이 들더라고요. 나중에 크면 어떻게 될까 하는 생각을 하면 답이 나오지 않아서 고민하다가 공부를 해봐야겠다는 마음을 먹었습니다"라고 말했다. 상현이는 공부를 잘하는 친구들에게 방법을 물어보고 그대로 하려 했지만 어려워서 10분만 지나면 포기하게 되었다.

상현이는 기본 수업조차 제대로 이해하기 어려운 상태였다. 내용을 이해하는 것도 어려운 상태에서 집중하라는 말을 하는 것도 쉽지 않았다. 상현이에게 가장 시급한 것은 자신감을 갖게 하는 것이었다.

학교 수업을 중심으로 자신감을 찾게 만들어야 하는 상황에서 제안한 방법은 수업 전날 반드시 배울 내용을 15분 동안 읽어 보는 것과 수업에서 중요한 것을 10개씩 찾아내는 것이었다. 수업 시간에 집중하지 못하더라도 10개를 찾아서 그것만 복습하는 방식으로 공부를 진행시켰다. 상현이에게 중요한 것은 100점을 위한 공부가 아니라 60점을 위한 공부를 먼저 시작하는 것이었다. 다른 학생보다 공부 분량은 적지만 하나라도 제대로 알 수 있도록 수업 정리를 시작한 것이다.

40점대였던 상현이의 점수는 3개월이 지난 후 60점이 됐다. 등수에 상관없이 상현이는 자신의 목표에 도달한 것이다. 이 덕분에 공부에 대한 자신감을 가지게 되었다. 다음 시험은 70점을 목표로 집중하려는 마음을 먹었다. 상현이는 내게 이런 말을 했다.

"지금까지 저는 실력은 안 되는데 남들처럼 100점을 위한 공부를 했었던 것 같아요. 그래서 모든 것을 다 하려 했었고, 그 때문에 힘들었던 것 같아요. 지금은 제 수준에 맞는 공부를 해야 학습 계획을 유지할 수 있다는 것을 깨달았어요."

하위권은 다른 학생들처럼 모든 것을 다 하려는 공부를 해선 안 된다. 평소 시험에서 60점을 받는다면 70점을 목표로 해야 한다. 현재 자신의 실력에서 도저히 손을 대기 어렵다고 생각하는 영역은 과감히 버릴 필요가 있다. 수업도 마찬가지다.

모든 수업 내용을 다 이해하려 한다면 쉽게 포기하게 될 것이다. 수업에서 중요하다고 생각하는 것 10개만 정리한 다음 그것만 집중해서 복습하는 것이 좋다. 집중이 되지 않더라도 10개의 중요한 내용은 표시할 수 있다. 상현이도 수업에 집중하기 어려웠지만 10개의 내용을 정리하는 것은 할 수 있었다. 10개가 시험에 나오는 중요한 내용이 아닐 수도 있다. 하지만 이런 방식으로 꾸준히 수업을 듣다 보면 21일 후 수업에 집중하고 있는 자신의 모습을 보게 될 것이다. 수업 집중 시간이 늘어날수록 원하는 목표 점수에 조금씩 도달하고 있음을 느끼게 될 것이다.

하위권도 충분히 공부의 즐거움과 만족감을 느낄 수 있다. 노력을 많이 한다고 상위권을 바로 따라잡을 수는 없다. 어쩌면 상위권으로 도달하지 못할 수도 있다. 하지만 조금씩 자신이 성장하는 모습을 느끼면 성적은 크게 오른다.

30등에서 20등으로 오르는 것이 10등에서 9등으로 오르는 것보다 쉽다. 등수가 높아질수록 비슷하게 공부에 노력하는 학생들이 많기에 결과도 비슷하게 나온다. 하지만 하위권은 조금의 노력만으로도 결과를 크게 바꿀 수 있다.

공부 방법을 상위권, 중위권, 하위권에 적용했을 때 가장 만족도가 높은 그룹이 하위권이었다. 성적 상승이 제일 컸기 때문이다. 제대로 된 공부 방법을 꾸준히 실천한다면 불안감이 자신감으로 바뀔 것이다.

3 절대 실패하지 않는 복습 방법

수업을 들으면서 정리한 내용이 있다면 이미 무엇을 해야 하는 지 방향이 정해졌다 할 수 있다. 하지만 그것만으로 공부가 끝난 것은 아니다. 아무리 수업에 집중했다 하더라도 제대로 복습하지 않으면 성적이 상승할 리 없다. 수업에서 배운 내용은 점차 머릿 속에서 사라지기 시작한다. 기억에서 사라지는 것을 막기 위해서 반드시 복습을 해야 한다. 우리는 이미 계획 수립에 대해 알아보 았다. 지금부턴 그 계획에 맞춰 세부적으로 어떻게 공부해야 하는 지를 알아보기로 하자. 복습을 정리 → 암기 → 문제 풀이 → 오답 정리 순으로 진행하라고 했다. 수업에서 중요하다고 생각하는 내용과 필기 내용 등을 중심으로 정리하고, 정리한 내용을 바탕으로 암기한 후, 문제 풀이를 해야 효과가 있다는 것도 앞에서 강조했다. 또한 문제 풀이로 끝나는 것이 아니라 오답 정리와 확인 과정까지 마무리해야 완벽한 복습이 완료된다.

정리 단계
따라 하기

공부를 꾸준히 하면서도 성적이 상승하지 않는 학생은 정리를 어떻게 해야 하는지를 자주 물어본다. 상위권 학생, 선배, 선생님 모두 자신만의 정리 방법이 효과적이라 애기한다. 또한 어떤 선생님은 아예 칠판에 정리를 해주기도 하고 어떤 문제집을 사면 아예 정리집을 별도로 주기도 한다. 하지만 본인이 스스로 정리하는 게 가장 효과가 좋다. 이미 정리된 내용을 그대로 받아 적는 것은 피해야 한다. 정리는 자신이 수업에서 들었던 내용을 중심으로 해야 완벽하고 오랫동안 기억할 수 있다.

정리를 한 문장으로 표현하면 '하나로 모으는 과정'이라 할 수 있다. 수업에 집중했다면 여기저기 곳곳에 필기한 내용과 중요하다고 체크한 내용이 흩어져 있을 것이다. 또한 스스로 중요하다고 한 내용과 선생님이 나눠준 프린트물도 있을 것이다. 이런 내용을 정리 노트에 별도로 다시 모으는 과정이 있어야 이후 시험 대비를 할 때나 재복습을 할 때도 빠르게 사용할 수 있다. 가끔 노트에 따로 정리하지 않고 프린트물에 적어 놓거나 A4용지에 적어서 보관하는 경우도 있는데 가능하면 노트를 만드는 것이 좋다. 노트는 분실 위험이 다른 것에 비해 상대적으로 적다. 정리한 내용을 꾸준히 반복해서 봐야 하기 때문에 분실한다는 것은 공부에서 가장 중요한 자료가 사라짐을 뜻한다. 정리한 것을 분실하면 학생들은 다시 정리하기보다 곧바로 포기하는 경향이 있다. 그렇기에 더더욱 노트에 정리한 다음 꾸준히 확인하는 습관이 필요하다.

정리할 때 배운 내용을 하나로 모으는 것 못지않게 나중에 다시 복습할 때 주의해야 할 점을 표시해두는 것도 중요하다. 수업이 끝난 당일에 반드시 정리해야 하는데 이때는 배운 내용을 대부분 기억하고 있는 상태이기 때문이다. 이 기억은 이후에 점점 사라지기 때문에 선생님이 중요하다고 말씀했던 내용이나 스스로 중요하다고 생각했던 것, 꼭 외우고 있어야 하는 것을 그날 표시해두어야 한다. 또한 기억해두면 유리할 것 같은 내용이 있다면 별도로 정리하는 것도 좋다. 예를 들어 선생님이 알려준 외우기 방법이나 의미 있었던 내용을 표시해두면 내용을 더 빨리 기억해 낼 수 있을 것이다. 자신만의 기호나 암호로 표시하는 것도 좋다. 어떤 학생은 매우 중요한 내용에 스티커를 붙이기도 한다. 또는 V

자 표시를 해두고 이후에 봐야 한다는 메시지를 남겨 놓기도 한다.

처음에는 이해하기 어려웠던 내용이 수업 후에 이해가 되었다면 이것도 표시해 두는 것이 좋다. 선생님이나 친구들의 도움으로 이해했거나, 친구들이 어려워해서 선생님이 더 자세하게 설명해 준 내용은 시간이 지나면 다시 어렵게 느껴질 확률이 높다. 반드시 재복습 해야 하는 영역이기에 정리 노트를 펼쳤을 때 눈에 띄게 만들어 놓을 필요가 있는 것이다. 이처럼 나만의 방식으로 정리하다 보면 이후에 필요한 것만 골라서 빠르게 복습할 수 있는 정리 노트가 만들어질 것이다.

주의해야 할 점은 너무 많은 시간을 정리 단계에 쏟으면 안 된다는 것이다. 공부하기로 마음먹었을 때 가장 많은 시간을 투자하는 단계가 바로 정리 단계다. 배운 내용을 정리하는 과정은 공부하는 느낌을 줄 뿐만 아니라 정리가 마무리되면 뿌듯함까지 느낄 수 있다. 하지만 정리는 복습의 핵심이 아니다. 결론을 얘기하자면 정리를 가능한 한 빨리 마무리해야 복습에 도움이 된다. 물론 정리를 대충하라는 뜻은 아니다. 앞에서도 얘기했지만 제대로 정리하지 않는다면 이후 단계를 제대로 진행하기 어렵다.

정리에서 시간을 줄이는 방법은 '예쁘게 정리하지 마라' 다. 가끔 정리에 집착하는 학생이 있다. 화려하게 정리하다가 공부할 시간이 끝난다. 특히 여학생에게 자주 나타나는 현상이다. 이런 경우에 본인은 공부했다는 뿌듯한 느낌은 받겠지만 정작 중요한 암기나 문제 풀이 시간이 절대적으로 부족해지기 때문에 노력에 비해 결과가 좋지 않을 확률이 매우 높다. 정리는 배운 내용을 쉽게 볼 수 있도록 하나로 모으는 과정이며, 수업에서 필기한 내용을 암기하기 편하게 옮기는 단계다. 그리고 이후에 빠르게 다시 확인할 수 있도록 표시하기만 하면 충분히 가치 있는 정리 노트일 것이다.

잊지 말아야 할 점은 반드시 배운 당일에 정리하라는 것이다. 정리를 미루면 기억이 사라진 상태가 되어서 제대로 정리할 수 없다. 많은 기억이 남아 있을 때 정리해야 나중에 보더라도 이해가 빨리 되도록 정리할 수 있다. 중요하지만 많은 학생들이 대충 넘어가는 것이 정리하는 시간이라는 점을 마지막으로 강조하고 싶다.

암기 단계 따라 하기

수업 내용을 중심으로 정리했다면 다음은 '암기' 단계다. 많은 학생들이 가장 힘들어하는 영역이 바로 '암기'다. 암기는 학생들에 따라 큰 차이를 보인다. 어떤 학생은 암기해야 할 내용을 몇 번 보고 바로 외우고, 어떤 학생은 많은 시간을 투자해도 제대로 외우지 못한다. 상위권과 중위권의 차이가 암기 능력에서 난다고 말할 정도로 암기는 학생들에게 중요한 공부 능력이다.

공부는 이해가 중요하다고 말하는 학습법 전문가가 많다. 나 또한 암기보다 이해가 중요하다고 생각하고, 그렇게 주장하는 사람 중 한 명이다. 하지만 이해만 하면 된다고 말하진 않는다. 우리나라에서 공부를 잘한다는 말을 들으려면 시험에서 좋은 성적을 받아야 한다. 시험은 내가 배운 내용을 정확히 이해하고 있느냐를 중심으로 문제가 출제되는데 여기에서의 이해는 대략적인 이해가 아니라 완벽한 이해, 즉 어떤 내용을 완벽히 기억하고 있는지를 말한다. 배운 내용을 완벽하게 이해하려고 우리는 암기를 하는 것이다.

이렇게 중요하지만 매일 꾸준히 암기하는 학생은 많지 않다. 중위권의 많은 학생들이 "지금 외워봤자 시험 때까지 기억하지 못하니 차라리 시험 기간 때 외우는 게 좋다고 생각합니다"라고 말한다. 어떤 학생들은 "외우려고 노력하지만 10분만 지나도 암기했던 내용들이 기억나지 않아서 포기하게 돼요"라고 말하기도 한다.

암기할 때 반드시 알아야 할 것이 있다. **첫째, 전체적인 내용을 완벽히 이해할 것. 둘째, 반복할 것이다.** 어떤 학생은 암기를 더 빠르게 하고 싶어서 암기법을 검색하기도 하고 선배들의 방법을 따라 하기도 한다. 이럴 경우 정말 많은 암기법이 존재한다는 것을 알 수 있다. 암기법은 무작정 외워야 하는 경우와 이해를 바탕으로 외워야 하는 경우로 크게 나눌 수 있다. 우리가 해야 할 것은 수업을 듣고 그 내용을 정리한 다음 중요한 것을 외워야 하는, 이해를 바탕으로 한 암기다.

이해를 바탕으로 한 암기는 성적을 올리는 데 꼭 필요한 조건을 충족시켜 준다. 바로 오랫동안 기억할 수 있게 된다는 점이다. 무작정 암기하면 외운 후 1시간만 지나도 점점 기억에서 사라지기 시작한다. 1시간 동안 50개의 단어를 외웠는데 시간이 지나 외웠던 단어를 기억하지 못한 경험은 누구에게나 있을 것이다. 하지만 외워야 할 내용의 전체적인 흐름을 기억하고 있는 상태에서 암기하면 우리 두뇌가 더 빨리 그리고 오랫동안 기억하도록 저장한다. 만약 암기한 내용이 제대로 기억나지 않더라도 전체 내용을 다시 생각하다 보면 그 내용이 기억나는 효과가 있다.

또한 암기 시간도 줄어든다. 이해를 바탕으로 한 암기를 진행하다 중간에 포기한 학생들과 상담을 해보면 암기 전에 수업 내용을 이해하는 데 시간이 오래 걸려서 포기했다고들 답변한다. 그래서 바로 암기하는 방법으로 바꿨다고 한다. 하지만 문제는 시험을 본격적으로 준비하는 2주 전부터 나타나기 시작한다. 암기한 내용이 제대로 기억나지 않아 다시 암기해야 하는 상황이 발생하는 것이다. 당연히 급한 마음에 제대로 암기하지 못한 채 시험을 볼 수밖에 없다. 만약 당일 수업 들은 내용을 정리하고 그 내용을 이해한 상황에서 암기했다면 시험 2주 전에는 확인하고 점검만 하면 되었을 것이다.

시험이 가까워질수록 암기보단 정리와 문제 풀이 위주로 공부해야 한다. 반대로 평상시에는 문제 풀이보다 암기에 더 신경을 써야 한다. 이해와 암기는 평상시에 할 수 있는 최선의 공부다.

하지만 한 번에 다 암기되지 않더라도 불안해하지 마라. 오히려 이런 불안감 탓에 계획대로 진행하지 못할 수도 있기 때문이다. 만약 암기가 제대로 되지 않는다면 정리된 내용을 반복해서 읽거나 다 외우지 못한 부분은 주말에 추가로 암기한다. 평일에는 반복해서 읽어보는 것이 좋다. 처음부터 완벽하게 공부할 수 있는 학생은 많지 않다. 특히 처음부터 완벽하게 수업 당일에 암기를 마무리하는 것은 쉽지 않다. 암기를 제대로 하는 가장 확실한 방법은 바로 자주 읽어보는 것이다. 매일매일 정리한 내용을 꾸준히 읽어보는 것만으로도 자연스럽게 암기할 수 있음을 기억해야 한다. 암기에 부담이 있는 학생들은 수업 당일에 모두 암기해야 한다는 부담을 갖지 말고 매일 꾸준히 읽고 주말에 암기하는 시간을 확보하는 것을 추천한다. 이런 과정을 반복하다 보면 어느새 암기가 수월하게 되는 것을 느끼게 될 것이고 당일 배운 내용을 그날 완벽하게 암기할 수 있게 될 것이다. 내용 정리와 암기 단계까지만 꾸준히 진행하더라도 성적이 상승되는 단계로 올라갈 수 있다.

문제 풀이 단계
따라 하기

보통 학생들이 가장 많은 시간을 투자하는 부분이 문제 풀이다. 학원이나 과외 등 사교육에서 과제로 내주는 것 중 가장 많은 비중을 차지하는 것도 바로 문제 풀이다. 이렇듯 학생들 스스로 공부라고 하면 처음 생각하는 것이 문제 풀이일 정도로, 문제 풀이가 중요한 영역으로 인식되고 있다. 하지만 내가 만난 학생들은 문제 풀이를 제대로 활용하지 못하고 있었다.

우리가 문제의 난이도를 말할 때 '체감난이도'라는 말을 쓴다. 체감난이도란 출제자가 생각하는 난이도와 실제 학생들이 문제를 풀며 느끼는 난이도가 차이 날 때 그렇게 표현한다. 출제자는 문제를 출제하며 난이도가 낮다고 생각했는데, 학생들의 오답 비율이 높을 경우 '체감난이도가 높다'라고 표현한다. 체감난이도를 인식하는 것은 매우 중요하다. 체감난이도에 따라 공부 방법이 바뀔 수 있기 때문이다. 고등학생의 문제 풀이 전 체감난이도와 문제 풀이 후 반응을 연구해보면 성적이 상승하지 못하는 두 가지의 오류를 찾아낼 수 있다.

첫째, 체감난이도가 높다고 생각했지만 정답을 맞힌 경우에는 본인의 실력을 높게 평가한다. 어쩌면 우연의 일치로 운이 좋아서 맞힐 수도 있었다는 것을 잊어버리고 틀리지 않았다는 점만 확인하고 넘어간다. 하지만 이와 비슷한 유형의 문제를 다시 풀면 틀릴 확률이 매우 높다.

둘째, 문제를 풀기 전에 체감난이도가 쉽게 느껴졌는데 오답이 발생한 경우에는 본인이 실수했다고 생각한다. 그래서 정답만 확인한 후 바로 넘어간다. 쉽기 때문에 다음에 이것과 비슷한 유형의 문제가 출제되면 당연히 정답을 맞힐 수 있다는 생각을 한다.

이런 두 가지의 오류가 발생하기에 문제를 많이 풀어도 문제점은 해결되지 않는다. 정답을 확인할 때는 내용을 다 아는 듯하다. 이후에 이와 동일한 문제를 만나면 지금 깨달은 내용을 바로 적용할 수 있을 것이라 생각한다. 하지만 일주일 후에 비슷한 문제를 풀면 그때의 기억은 사라지고 같은 문제점이 다시 발생한다.

중위권과 하위권 학생들을 대상으로 공부 습관 컨설팅을 할 때 가장 문제가 되는 부분이 바로 이런 점이다. 상위권은 대부분 문제 풀이 후 바로 오답 정리를 한다. 자신이 틀린 문제는 이후에 또 틀릴 수 있기에 새로운 문제를 많이 풀기보다 틀린 문제를 완벽히 내 것으로 만드는 학습을 진행한다. 하지만 중위권이나 하위권 학생은 문제 풀이 후 정답을 확인한 것만으로 완벽히 이해됐다는 착각을 하며 다른 문제를 풀려고 한다. 이 부분에서 성적 차이가 나는 것이다. 또한 상위권은 문제 풀이에서 가장 중요한 것이 오답이고 틀린 이유를 고민하는 것이라고 말하지만, 중위권은 많은 양의 문제를 푸는 것이라 말한다.

문제를 많이 푼다고 성적이 상승하는 건 아니라는 걸 중위권도 깨달아야 한다. 많은 중위권 학생이 문제를 많이 풀면 성적이 반드시 상승할 것으로 생각하고 무작정 문제를 푼다. 하지만 틀린 문제 하나를 완벽하게 정리하는 것이 새로운 문제 10개를 푸는 것보다 효과적이라는 것을 깨닫는다면, 지금보다 공부 시간을 더 늘리지 않더라도 충분히 성적을 올릴 수 있다.

문제 풀이에 관련해 강연할 때 학생들에게 이런 질문을 자주 받는다. "수업을 듣고 나서 문제를 풀 때 정답이 많은 게 좋은가요? 아니면 오답이 많은 게 좋은가요?" 강연을 듣기 전에는 당연히 정답이 많을수록 공부를 잘한 것이라고 생각했지만, '오답을 제대로 공부하면 성적이 빠르게 올라간다'는 이야기를 듣고 나니 자연스럽게 의문이 들 수밖에 없었을 것이다. 사실 정답은 없다. 오답이 적으면 그만큼 정확히 그리고 많은 내용을 이해하고 있다는 증거다. 오답이 많으면 부족한 점을 보완할 방향이 명확히 보이기 때문에, 그 내용만 보완한다면 시험에서 좋은 성적을 받을 확률이 높아진다. 하지만 공부의 재미와 흥미를 유지하는 데에는 정답이 많은 것이 유리하다. 결과가 좋아야 계속하고 싶은 마음이 생기기 때문이다.

지금까지 우리가 얘기한 공부 단계를 제대로 진행했다면 정답이 많아질 것이다. 수업을 들으면서 시험에 나올 내용을 표시하거나 메모한 다음, 당일에 정리하고, 중요한 내용을 암기한 후, 문제 풀이를 진행한다면 자연스럽게 정답이 많아질 수밖에 없다. 나는 바로 이런 학습 방법을 통해 공부에 대한 만족감이 높아질 것이라 확신하고 있다. 학생들에게 이런 얘기를 해준다. "학습 의욕을 유지하는 것은 공부 습관을 만드는 과정에서 매우 중요한 것입니다. 여러분들이 의욕을 유지하는 가장 좋은 방법은 바로 평소에 문제풀이를 할 때 정답을 많이 맞히는 것입니다"라고 말이다.

아무리 과정이 힘들더라도 결과가 좋으면 다시 도전할 힘이 생긴다. 공부도 이와 같다. 힘들게 정리와 암기를 했더라도 후에 문제를 풀어 보니 정답이 많아졌다면 공부를 계속할 의욕이 높아진다. 또한 이런 과정을 21일 동안 유지한다면 시험에 대한 기대감도 생기게 된다. 많은 학습법 전문가들이 학습 의욕을 유지하는 다양한 방법을 연구하고 제안한다. 하지만 다른 사람이 나의 학습 의욕을 유지시켜주기는 힘들다. 스스로 노력해서 좋은 결과, 즉 정답이 많아지면 타인의 도움 없이도 의욕을 유지할 수 있으며, 그로 인해 더 많은 시간을 공부할 힘을 비로소 얻는다. 이런 단계가 만들어지기 전에 공부 시간만 늘리는 것은 실패 확률 100퍼센트에 도전하는 것과 같다. 정답이 많아지는 쪽으로 공부를 진행해야 하는 이유가 여기에 있다.

정답이 많아질수록 학습 의욕이 높아지는 놀라운 경험과 동시에 또 하나의 새로운 경험을 하게 된다. 바로 평소보다 집중력이 더 오래 유지된다는 것이다. 많은 학생들이 내게 집중력을 유지하는 방법을 알려달라고 질문한다. 수업이나 자습을 할 때 집중이 잘 되지 않아서 힘들어하는 학생이 너무나 많다. 중위권뿐만 아니라 상위권도 같은 고민을 한다. 지금 우리가 말하는 학습 단계를 거쳐서 문제 풀이를 진행하면 집중력이 자연스럽게 만들어진다. 그 집중력이 유지되려면 몇 가지 조건을 갖추어야 한다.

첫째, 내가 지금 하는 공부가 나에게 분명히 성적으로 보답할 것이라는 확신. 둘째, 스스로 해결할 수 있는 난이도. 셋째, 만족할 수 있는 결과다. 첫째를 충족시켜주는 것이 바로 공부법이라 할 수 있다. 상위권 학생은 자신만의 공부 방법을 꾸준한 노력으로 터득한다. 하지만 보통 학생은 자신만의 공부법이 없는 경우가 많다. 주변에서 시키는 대로 공부했었기 때문에 자신만의 방법을 만들지 못했다. 앞에서 제시한 정리 → 암기 → 문제 풀이, 그리고 추후 애기할 오답 정리의 단계는 이미 3,500명의 고등학생을 대상으로 연구와 결과가 검증되었기에 확신을 가져도 될 것이다. 또한 이 방법으로 학습하면 수업을 듣고 바로 문제 풀이를 했을 때보다 자신감이 높아진다. 즉, 배운 내용을 완벽히 이해하고 나서 문제 풀이를 진행하므로 스스로 해결할 수 있는 문제가 많아지고, 따라서 집중력은 더욱 높아지는 것이다.

우리는 시험을 보려고 공부하는 경우가 많다. 내신을 위해, 수능을 위해 나의 많은 시간을 공부에 투자하고 있다. 물론 공부가 좋은 점수만을 받으려고 하는 것은 아니다. 하지만 중, 고등학생들의 현실에 비추어볼 때 시험 점수를 높이는 것은 지금 그들의 인생에서 가장 큰 목표이자 도전이 되고 있다. 이런 시험에서 점수를 잘 받는 데 가장 중요한 것이 바로 의욕과 집중력인데 정답이 많아짐으로써 불안한 심리가 자신감으로 바뀐다.

오답 정리
따라 하기

누군가 나에게 가장 쉽고도 효과가 좋은 공부 방법이 무엇이냐 물어본다면 나는 주저 없이 바로 오답 정리라 말할 것이다. 오답 정리야말로 가장 쉽게 할 수 있으며 점수 상승에 매우 효과적이다. 하지만 많은 학생이 오답 정리를 제대로 하지 않고 넘어간다. 복습이 중요하고 오답 정리가 중요하다는 것은 알고 있지만 매일 새로운 내용을 배워야 하고, 학원이나 과외에서 내주는 숙제를 하기도 버거운 상황이라 행동으로 옮기지 못하는 것이다.

만약 오답 정리를 제대로 하는 습관을 들이면 분명 성적이 상승한다. 학생들과 상담을 하다 보면 오답에 관련된 질문을 자주 받는다. 특히 오답 정리 방법은 상위권보다 중위권이 더 궁금해한다. "틀린 문제가 무척 많은데 오답 정리를 다 해야 하는 건가요?" 또는 "틀린 문제를 오답 노트에 정리하다 보면 시간이 많이 걸려서 다른 공부를 못하게 돼요"라고 한다. 오답 정리는 분명 중요한 공부 단계지만 틀린 문제를 하나하나 오답 노트에 정리하다 보면 질문한 학생들처럼 다른 공부를 못할 수밖에 없다. 가장 중요한 것은 '자신의 수준에 맞는 오답 정리'다.

오답이 중요하다는 강연을 들은 유진이는 오답 정리를 제대로 해보기로 마음먹었다. 가장 먼저 시작한 것은 과목별 오답 노트를 만드는 것이었다. 모든 과목에는 반드시 문제를 푸는 과정이 있기 때문에 오답만 제대로 정리하면 분명 성적이 상승할 것이라 생각했다. 하지만 문제는 바로 다음날 생겼다. 수학 문제를 20개 풀었는데 오답이 8개, 영어 독해 20문제 중 오답은 7개, 국어 30문제 중 오답 5개가 나왔다. 학교 자율학습 시간에 숙제와 문제 풀이 단계까지 마무리하고 집에 와서 오답 정리를 하려고 했는데 기타 과목을 제외하고 수·영·국만 하려 해도 시간이 매우 부족했다. 어쨌든 해보자는 마음으로 수학부터 오답 노트에 틀린 문제를 정리하기 시작했는데 마무리되니 새벽 2시가 넘었다. 어쩔 수 없이 다음날 이어 하기로 마음먹었지만, 다음날도 오답은 계속 나왔고 정리하지 못한 오답은 점점 늘어만 갔다. 유진이가 다시 나에게 찾아왔을 때는 이미 오답 정리를 포기한 상태였다. 처음으로 제대로 공부하기로 마음먹고 시작했는데 자신의 실력이 제안한 공부 방법을 따라가기에는 너무 부족하다는 생각이 들었고 다른 방법을 찾는 것이 좋을 것 같다고 털어놓았다.

유진이는 성적이 중위권이지만 매일매일 노력하는 모습을 보이는 학생이었다. 하지만 내용 정리 → 암기 → 문제 풀이까진 자연스럽게 넘어갔는데 왜 오답 정리에서 포기하게 됐을까? 두 가지 문제점이 있었다. 첫째, 처음부터 모든 오답을 정리하려 했다. 둘째, 오답 노트에 모든 것을 옮기려 했기에 시간이 부족해질 수밖에 없었다. 상위권은 틀린 문제가 많지 않으므로 오답 정리를 빠르게 할 수 있다. 하지만 중위권은 틀린 문제가 많기 때문에 오답 노트에 모든 문제를 정리하는 것은 불가능하다. 문제를 다 옮겨 적으려면 많은 시간을 소모할 수밖에 없다. 자연스럽게 오답 정리를 포기하게 되는 것이다. 오답 정리를 제대로 하지 못했거나 실패한 경험이 있다면 여기서 제안하는 방법을 따라 하기 바란다.

오답 정리를 하기 전에 먼저 분석해야 할 것이 있다. 오답은 크게 두 가지로 나뉜다. 첫째, 내가 수업 시간에 배웠고 정리까지 했지만 틀리는 경우와 둘째, 내가 수업에서 배우지 못했고, 정리도 되지 않았던 내용이기에 틀린 경우다. 이 두 가지 유형에 따라 오답 정리 방법이 다르다.

문제 풀이를 하기 전에 정리와 이해, 암기 과정까지 진행했는데 오답이 나오는 경우는 분명 동일한 문제가 반복될 위험이 매우 높다. 공부를 했지만 오답이 나오는 경우는 오답 정리가 아닌 틀린 이유를 정확히 확인하는 과정이 더 중요하다. 예를 들어 '암기를 했던 내용인데 기억이 나지 않았다' '수업 시간에 들었던 내용이지만 내가 정리하지 않았다' 등 다양한 이유가 있을 것이다. 여기서 중요한 것은 오답 노트에 문제를 옮겨 적는 것이 아니라 어떻게 다시 공부해야 하는지를 적어 놓는 것이다. 배운 내용을 확인하는 것이 오답 정리의 핵심이다. 다시 암기해야 할 내용이 무엇인지 확인하고 제대로 정리하지 못한 내용이 있다면 정리 노트에 추가 정리하는 것이 오답 정리가 되는 것이다.

오답 노트에 정리하지 않더라도 반드시 주말이나 시험 기간에 틀린 문제를 문제집에 표시하고 다시 확인하는 과정은 꼭 해야 한다. 이런 과정을 통해 내가 정리했던 내용은 더욱 보강된다. 주말이나 시험 기간에 다시 보기만 하면 충분히 만점을 받을 수 있는 정리 노트가 완성될 것이다.

수업에서 배우지 않았던 내용이라서 오답이 된 경우는 반드시 오답 정리를 해야 한다. 여기서 중요한 것은 '배우지 않은 내용을 어떻게 확인하고 넘어가느냐'다. 선생님이나 친구, 선배들에게 물어봐서 해결할 수도 있고, 해설지를 보면서 스스로 해결할 수도 있다. 일부 학생들은 '배우지 않았으니 넘어가도 되지 않나요?'라고 문의하기도 한다. 하지만 현재 나를 가르치고 있는 선생님이 시험문제를 다 출제할 수도 있지만 다른 반에서 수업하고 있는 선생님이 같이 출제할 수 있기 때문에 배우지 않았더라도 확실하게 대비하고 넘어갈 필요가 있다.

오답 노트에 굳이 문제를 그대로 쓸 필요는 없다. 문제집의 페이지와 번호만 적고, 자신이 풀이한 것과 다시 풀이한 내용의 차이점을 간단히 적어 두고 이후에 다시 확인할 날짜를 적어 놓는 것이면 충분하다. 오답 노트와 문제집은 항상 같이 두는 것이 좋다. 문제집의 페이지와 번호만 적어 두었기 때문에 추후 오답을 다시 확인하려면 꼭 같이 있어야 한다.

오답 정리는 틀린 이유를 확인하고 이와 유사한 문제가 다시 출제될 때 정답을 맞히려는 학습 단계다.

배우지 않았던 내용이라면 확실히 정리해야 한다.

4 올바른 선행학습 방법

 선행학습을 하지 않으면 불안해요.

많은 학생들이 선행학습을 하고 있다. 학년과 수준에 상관없이 선행은 이미 필수로 자리 잡고 있으며, 다른 친구와의 경쟁에서 유리하려면 반드시 선행을 해야 한다는 생각을 한다. 선행은 학교에서 배워야 할 것을 미리 공부하는 것을 말한다. 선행학습은 보통 학원이나 과외, 인터넷 강의를 통해 진행된다. 학원이나 과외에서는 평상시에는 선행을 하다가 시험 보기 3주 전이 되면 집중적으로 시험 대비를 한다. 즉, 대부분을 선행에 투자하고 있는 것이다. 왜 이렇게 선행을 하려 하는 것일까?

선행학습을 하는 가장 큰 목적은 당연히 성적 향상이다. 학교에서 배울 내용을 미리 배움으로써 학교 수업의 이해도와 학습 효과를 높이려는 것이다. 학교에서 새로운 내용을 배우면 이해가 제대로 되지 않고 다른 학생들과의 경쟁에서 밀린다고들 생각한다. 그런 불안감을 학부모들은 모두 가지고 있기에 선행 위주의 사교육을 필수라 생각하는 것이다.

두 번째 이유는 수능을 대비한 학습을 미리 진행하려는 생각 때문이다. 대부분의 학생들은 원하는 대학이나 학과를 가려고 공부한다. 그렇기에 남들보다 더 빨리 진도를 나가고 싶어 한다. 배워야 할 내용을 가능한 한 빨리 완료해 두어야 수능을 대비한 학습에 유리하다고 생각하는 것이다.

하지만 선행학습은 장점도 있지만 단점이 더 많은 방법이다. 제대로 이해되지 않은 상태에서 진도만 나가거나, 자신의 수준보다 높은 난이도로 학습을 진행하면서 공부에 흥미를 잃는 경우도 종종 발생한다. 요즘은 과거에 비해 선행학습을 부정적으로 바라보는 시각이 커지고 있다. 선행학습을 했다고 성적이 오르는 것이 아님을 깨달았기 때문이다. 새로운 것을 배우면 내 것으로 만드는 시간이 그만큼 필요하다. 선행학습을 하더라도 진도만 나갈 것이 아니라 스스로 이해하는 시간을 갖고 틀린 문제를 꾸준히 반복 학습해야 한다. 성공적인 선행학습을 하기 위해서 반드시 지켜야 할 사항이 있다.

첫째, 너무 빠른 선행을 하지 마라.

만약 선행학습을 하면서 빠른 진도에 부담이 없다면 크게 문제
될 것이 없다. 하지만 일반적인 학생이라면 진도에 대한 압박 탓
에 학습 의욕이 계속 떨어질 것이다. 일반적으로 빠른 선행을 했
던 학생들은 학교 수업을 대하는 집중력이 크게 떨어진다. 이미
배웠다는 이유로 배우려는 의지가 낮아졌기 때문이다. 이러면 제
대로 된 복습과 시험 대비를 할 기회를 놓친다. 느리더라도 반복
하면서 완벽한 이해가 되었다는 생각이 들었을 때 진도를 더 나가
는 것이 올바른 선행학습법이며, 공부 의욕을 높여준다.

선행은 장점과 단점을 모두 가지고 있는 공부 방법이다. 자신
의 수준에 맞게 선행학습을 한다면 반복 학습을 할 수 있는 좋은
기회임과 동시에 공부에 대한 자신감도 얻을 수 있다. 무작정 진
도를 나가는 선행학습은 결국 그 과목을 포기하게 만든다는 점을
잊지 말아야 한다.

둘째, 선행도 학습 단계를 유지하라.

어떤 공부를 하더라도 자신의 학습 방법은 유지해야 한다. 시
간이 부족해서 또는 숙제가 많아서 제대로 된 공부 단계를 밟지못
한다면 내용을 오랫동안 기억하지 못하고 바로 잊어버리게 된다.
강의를 들은 후 반드시 스스로 간추려보는 '정리', 정리 내용 중
반드시 외워야 할 것을 외우는 '암기', 정리와 암기를 당일에 마
무리한 후에 하는 '문제 풀이', 문제 풀이 후 틀린 문제를 중심으

로 '오답 정리'와 꾸준한 반복. 이 학습 단계를 꾸준히 유지할 수 있어야 완벽한 선행학습을 했다고 할 수 있다. 선행 후에는 대부분 문제 풀이만 한다. 문제 풀이 중심의 학습은 배운 내용을 단기간 동안 기억하기에는 좋으나 시간이 흐를수록 빠르게 잊어버린다는 단점이 있다.

지금까지 우리가 얘기한 학습 단계를 지킨다면 올바른 선행 습관을 만들 수 있다. 감당할 수 있는 분량으로 올바른 공부 방법을 적용하고 유지하는 것이야말로 상위권을 뛰어넘을 수 있는 완벽한 습관 만들기임을 기억하기 바란다.

4 계획과 함께 하는 시험 대비

시험 기간이 가까워질수록 학생들의 집중력도 자연스럽게 높아진다. 주변 분위기와 시험에 대한 불안감 때문에 자연스럽게 시험 계획을 수립하고 내용 정리와 문제 풀이를 한다.

흔히 말하는 '벼락치기'를 하거나, 평소보다 더 많은 시간을 공부에 투자했지만 생각보다 진도를 나가지 못하는 경우에는 불안감만 커진다. 결과적으로 볼 때 노력만큼 성적은 상승하지 않는다.

시험을 대비한다고 해서 평소에 하던 공부 방법을 꼭 바꿔야 하는 건 아니다. 하지만 주변의 분위기가 바뀜에 따라 변화를 줄 필요는 있다. 시험 성적을 높이는 데 고려해야 할 사항과 준비 방법을 알아보자.

시험을 대비하는 계획은 4주 전부터 수립하고 실행해야 한다. 사실 많은 학생들이 한 달 전부터 시험 계획을 세우고 대비하려 하지만 마음만 있을 뿐 대부분 3주나 2주 전부터 집중한다. 진도 위주의 수업과 복습을 하면서 시험 대비를 하는 것이 현실적으로 불가능하기 때문이다. 하지만 4주 전부터 시작하면 완벽한 대비를 할 수 있다. 4주 전에 시험을 대비하는 계획을 짤 때 주의할 것은 처음부터 모든 시간을 시험에 투자하지 말라는 것이다. 지금까지 공부한 내용을 가볍게 확인한다는 생각으로 시작하면 된다.

4주 전의
시험 대비 계획

4주 전은 아직 시험 대비에 집중할 시기는 아니다. 하지만 4주 전부터 시작하지 않으면 성적을 유지하는 건 가능해도 상승시킬 순 없다. 4주차 시험 계획에서 가장 중요하게 생각해야 할 것은 수업 후 배운 내용을 모아놓은 '정리 노트'다. 평소에 앞에서 제시한 공부 방법대로 정리를 해왔다면 4주차에 큰 부담 없이 시험 대비를 할 수 있다. 시험을 대비한 문제 풀이보다는 지금까지 꾸준히 정리해온 내용을 다시 한 번 확인하는 계획만 세우면 된다. 주말에 지금까지 풀었던 오답을 확인하는 시간을 추가한다면 완벽한 대비를 할 수 있다.

3주 전의
시험 대비 계획

3주 전은 주변의 학생들도 시험을 대비하기 시작하는 시기다. 그렇기에 집중할 만한 분위기가 만들어진다. 3주 전의 핵심은 반복적인 내용 확인이다. 시험을 대비하는 데에서 가장 중요한 것은 많은 문제를 푸는 것이 아니라 정확하게 배운 것을 이해하고, 암기하고 있느냐다. 시험 3주 전이면 학교에서는 여전히 시험 범위 내의 수업이 진행되고 있다. 배운 내용을 반드시 당일 정리하고 암기를 해야 하며, 완벽한 암기가 되었을 경우 문제 풀이까지 해야 한다. 당연히 오답 정리도 잊지 말고 반드시 해야 한다. 이와 더불어 4주차부터 진행했던 정리된 내용 확인과 암기, 오답 반복 확인을 중심으로 계획을 수립하면 된다.

4~3주 전 시험대비 계획의 핵심은 현재 학교에서 진행되는 수업 정리부터 오답 정리까지의 학습 단계를 유지함과 동시에 지금까지 공부해 왔던 내용을 반복 확인하는 것이다. 이 시기에 문제

풀이 중심으로 시험 대비를 한다면 시간이 부족하다. 문제 풀이보다 지금까지 해왔던 것들을 중심으로 대비하는 편이 짧은 시간에 많은 내용을 재확인하는 효율적인 방법이다.

2주 전의
시험 대비 계획

2주 전쯤 되면 학교에서 시험 범위와 시간표가 나온다. 사실 이때부터가 진짜 시험 대비라 할 수 있다. 2주 전에는 시험 범위와 시험 시간표를 확인하고 그에 맞춰 공부 계획을 수립해야 한다. 예를 들어 시험이 3일 동안 하루에 3과목씩 진행된다면 한 주 동안 매일 3과목씩 공부 계획을 수립하는 것이다. 4~3주 전에 이미 배운 내용의 정리, 오답 확인을 통해 기본적인 내용을 이해하고 있는 상황이기에 이 시기부턴 문제 풀이를 중심으로 약점을 보완해 나간다.

물론 이 시기도 여전히 학교 수업은 시험 진도를 나가고 있기 때문에 그날 배운 내용은 그날 정리와 암기, 문제 풀이, 오답 정리까지 이어 진행해야 한다. 그렇기에 2주 전부터는 평소보다 공부 시간이 길어질 수밖에 없다. 이 시기부터는 공부를 하지 않았던 학생들도 공부하기 시작한다. 그래서 평소 다니던 독서실에 갑자기 학생들이 증가해서 소란스러워졌다며 집에서 공부하는 학생도 있고, 학원에서 진행해주는 내신 대비 수업에 집중하여 최대한 많은 시간을 시험 준비에 투자하는 학생도 있다. 평소보다 매일 1시간 30분~2시간 정도의 공부 시간을 추가로 확보해야 한다. 2주 전에 가능한 많은 문제를 풀어봐야 실수할 부분과 보완해야 할 부분이 정확히 나온다.

1주 전의
시험 대비 계획

2주 전부터 선생님들이 중요한 것을 강조하기 시작한다. 1주 전에는 힌트를 더 많이 알려주기 때문에 수업에 집중할 필요가 있다. 직접 '중요하다'고 힌트를 주는 것은 물론, 재확인 해주는 개념과 더 많은 설명을 해주는 특정 부분은 시험에 출제될 확률이 매우 높기 때문에 반드시 표시해 놓는 것이 좋다.

사실 4~3주 전에 내용 정리와 오답 확인, 2주 전에 문제 풀이 중심의 학습을 진행했다면 1주 전은 오히려 수월하게 공부할 수 있다. 특히 3주 동안 대비하며 무엇이 중요하고 어떤 점을 보완해야 하는지에 대한 확신도 섰기 때문에 문제를 출제하는 선생님의 시각으로 공부를 할 필요가 있다.

1주 전 계획에서 중요한 것은 배운 내용을 다시 한 번 확인하는 것이다. 반복 학습은 정리, 암기, 문제 풀이, 오답 정리 모두가 포함된다. 이런 학습을 진행하면서 마지막으로 배운 내용을 바탕으로 출제 예상 문제를 만들어보는 것도 시험을 대비하는 좋은 계획이다.

모두에게 시험은 부담스러울 수밖에 없다. 하지만 평소에 정리 → 암기 → 문제 풀이 → 오답 정리의 순서에 맞춰 공부 습관을 만들어 놓았다면 시험이 불안할 일은 더 이상 없을 것이다.

5장

21일만 따라 하면
저절로 만들어지는
공부 습관

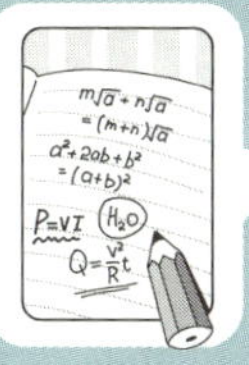

지금까지 우리는 공부 습관을 만드는 데 필요한 모든 내용을
다 경험하였다. 특히 자신의 환경과 수준에 맞게 계획하는 방법과
어떻게 공부를 진행해야 하는지에 대한 것들도 이해를 했다는 가
정하에 지금부터는 공부 습관을 만들려면 21일 동안 어떻게 행동
해야 하는지를 얘기하려 한다. ▶

쉽게 도전할 수 있는 작심삼일의 마법

1~3일차

행동 요령

1일차 수립한 계획표를 내가 움직이는 곳에 가능한 한 많이 붙여라.
2일차 배운 시간과 스스로 익히는 시간을 구분하여 책상에 붙여라.
3일차 계획을 실행하는 3일 동안 어떤 위기가 왔었는지 메모하라.

STEP 1은 '공부 습관 만들기'에서 1일부터 3일까지의 행동 요령이다. 만약 3일만 제대로 실행하더라도 분명 공부 습관 만들기의 기쁨을 조금은 맛볼 수 있다. 뿐만 아니라 성공할 수 있다는 자신감이 생기므로 공부 습관 만들기에서 매우 중요한 단계다. 3일 차까지 최선을 다한다면 분명 습관을 완성하는 데에서 50퍼센트까지 도달한다. '시작이 반이다!'라는 속담은 괜히 나온 말이 아니다.

STEP1은 시작하는 시점이기에 하려는 마음이나 의욕이 가장 높다. '나는 정말 열심히 할 거야', '이번 기회에 난 성적을 꼭 올릴 것이다' 등의 생각을 한다. 의욕이 있기에 다른 어떤 환경 변화, 예를 들어 친구와의 갑작스러운 약속같이 계획과는 다른 일이 발생하더라도 꾸준히 계획대로 할 수 있는 유일한 시기이기도 하다.

이 시기의 또 하나의 특징은 머리가 몸을 지배하는 유일한 때라는 점이다. 앞에서 설명했듯이 의욕이 넘치는 시기이기에 우리는 생각보다 쉽게 몸을 내 마음대로 움직일 수 있다. 여기서 생각이 바뀌는 걸 주의해야 한다. 의욕이 아무리 높다 하더라도 해야 할 공부를 하지 않고 다른 것을 하거나 공부 방법을 바꾸지 못하면 몸은 다시 원 상태로 돌아간다. 계획을 세우지 않으면 공부 방법과 방향에 일관성을 유지하기 어렵다. 자신의 수준에 맞는 계획과 그에 따라 움직이겠다는 생각이 중요하다. 머리(생각)만 바뀌지 않는다면 3일 동안은 꾸준히 계획을 진행할 수 있다. 의욕이 유지되기 때문이다.

그래서 집중이 잘되는 시기이기도 하다. 3일 동안은 무리 없이 우리가 앞에서 얘기했던 정리 → 암기 → 문제 풀이 → 오답 정리 단계도 충분히 따라 할 수 있다. 중위권이나 하위권도 이 시기만큼은 상위권과 비슷하게 공부할 수 있다.

계획을 수립하고 진행하면서 앞으로를 위해 한 가지 점검하고 넘어가야 할 것이 있다. 바로 하루 동안 배우는 시간과 스스로 익히는 시간을 점검하는 것이다. 공부에서 배움은 매우 중요하다. 하지만 배우는 것만이 공부의 전부는 아니며, 배운 것을 익히는 것이 성적 상승의 핵심이다. 공부 습관도 익히는 시간을 제대로 사용하려고만 드는 것이다. 그래서 내가 하루 동안 배우는 시간과 익히는 시간이 어떻게 나뉘는지 체크해보는 것은 공부 계획을 수립하거나 변화해야 하는 단계에서 큰 도움이 된다. 상위권은 보통 스스로 익히는 시간이 배우는 시간보다 2배 이상 많다. 스스로 익히는 시간이 많을수록 공부에 대한 자신감이 커지고 동시에 성적도 상승한다.

3일 만에 포기하는 학생들을 분석해보면 이 시기에 제대로 하지 못해서가 아니라 오히려 많은 것을 하려다 지쳐 포기한다. 평소에 매일 1시간 공부하던 학생이 상위권을 따라잡겠다고 매일 10시간을 공부하겠다는 계획을 세웠다고 가정해보자. 내가 아는 어떤 학생은 반에서 30등이었는데 갑자기 서울대에 입학하겠다고 하루 12시간씩 공부하겠다는 계획을 세웠다. 당연히 2일 만에 포기하고 말았다. 의욕이 넘쳐 계획을 너무 무리하게 세우거나 계획보다 더 많은 것을 하려 했기에 이후 의욕이 떨어지면서 포기한 것이다.

무리한 계획을 세우지 말고 자신이 할 수 있는 범위 내에서 계획을 세우고 실천한다면 3일은 충분히 계획을 성공리에 실천할 만한 시간이다. 우리는 이것을 '작심삼일의 마법'이라 부른다. 작심삼일이라는 말은 다 알고 있을 것이다. 마음을 먹으면 그래도 3일 동안은 할 수 있다는 뜻으로 생각할 수도 있다. 만약 3일도 제대로 하지 못한다면, 그것은 스스로 공부 습관을 만들고 싶어서 시작한 것이 아니라 타인이 강제적으로 시켜서 하는 경우거나 남들이 하니 나도 그냥 해보자는 생각으로 시작했다는 뜻이다. 이렇게 하면 3일을 버티더라도 99퍼센트 실패한다. 내가 선택하고 내가 노력하는 자세가 필요하다.

반드시 염두에 두어야 할 것이 공부 시간이나 양을 늘리는 것이 목표가 아니라 '공부 습관을 21일 안에 만들자'를 목표로 두어야 한다는 것이다. 절대 오버해서 공부할 필요가 없다. 계획 세운 것만 꾸준히 하더라도 습관은 만들어진다. 계획의 범위 안에서 공부 습관을 만드는 과정을 밟아 나가는 것이 중요하다. 공부 의욕은 21일 동안 꾸준히 유지되지 않는다. 보통 3일이 지나면 의욕은 점차 떨어지게 된다. 그렇기에 의욕을 내세워 공부를 하면 3일 이후에 성공을 장담할 수 없게 된다. 페이스를 유지할 수 있도록 계획을 수립하고 시간을 운영하는 것이 가장 효과적인 공부 습관 만들기 방법이다.

공부와 마라톤을 많이 비교한다. 마라톤을 하는 사람이 처음부터 100미터 단거리 선수처럼 뛴다면 완주하기 어려울 것이다. 신체적인 조건과 환경에 맞게 페이스를 꾸준히 유지해야 완주하는 것처럼 공부 습관 만들기도 자신의 페이스를 21일 동안 유지하는 것이 결국 습관을 완성하고 공부 양도 점점 늘어나게 하는 관건임을 잊지 말아야 한다.

하루아침에 공부 양을 늘리고, 집중력을 유지할 방법이 있다면 공부 스트레스는 존재하지 않을 것이다. 공부의 분량과 시간, 집중력은 꾸준한 노력을 통해 늘릴 수 있는 것이며 결국은 습관이 이 모든 것을 해결해준다. '양'과 '시간'을 늘리는 방향으로 계획을 세우는 고등학생의 90퍼센트가 실패한다. 1시간도 제대로 하지 못하는 상황에서 무조건 양을 늘리려고 하니 당연히 실패로 끝나는 것이다. 1시간이라도 제대로 계획을 세우고 21일을 유지하는 것이 더 중요하다. 1시간의 공부 습관을 완성한 후 3시간, 5시간으로 점차 늘려나가는 것이 효과적이다. 지금 우리는 공부의 양과 시간을 얘기하는 것이 아니다. 습관을 빠르게 만드는 것이 21일 동안에 해야 할 임무임을 꼭 기억하기 바란다.

3일 동안 너무 많은 것을 하려다가 실패하는 경우 외에 주변의 변화에 민감하게 반응하다가 실패하는 경우도 있다. 정리 → 암기 → 문제 풀이 → 오답 정리 방식으로 공부하겠다는 마음을 먹고 시작하려는 순간 선배나 친구들이 "내가 그 방법으로 해봤는데 실패했었다", "방학 동안에 적어도 한 과목은 단기에 끝내야 하지 않겠어? 이 방법으로 하면 안될 거야", "그냥 무조건 문제만 풀어"라는 말에 현혹되어 방법을 바꾸는 경우다. 이런 학생들은 바뀐 방법으로 공부를 하다가 3~4일이 지나면 다른 방법으로 바꾸거나 포기한다. 주변 친구나 선배, 선생님의 얘기를 듣고 공부를 하는 것도 물론 중요하다. 하지만 공부 방법에 대한 조언 대부분이 바로 개인의 경험을 바탕으로 한 것이라는 데 큰 함정이 있다. '그'와 '나'는 공부 환경과 생각이 다르다. 즉, '그'와 같은 상황으로 들어가거나 느끼지 못하는 한, 그 방법을 유지할 수 없다. 하지만 정리 → 암기 → 문제 풀이 → 오답 정리의 학습 단계는 공부의 본질과 기억의 유지를 기본으로 하는 학습 방법이고 3,000명이 넘는 고등학생을 대상으로 3년 동안 확인하고 검증하였기에 공부 환경과 상황에 영향받지 않는다. 그러니 자신감을 가지고 진행하기 바란다.

부정적인 의견에 쉽게 흔들릴 필요 없다. "야, 네가 정리한 내용이 시험에 나올 것 같아? 차라리 문제집 요약을 외워"라는 말을 듣거나 "오답 노트를 정리하면 시간이 걸리니 그냥 문제를 많이 풀어"라는 말을 듣고 방법을 바꾸는 경우, 즉 내가 하는 공부 방법을 누군가가 비판할 때 그것을 받아들여 방법에 변화를 주는 경우도 3일 이내에 실패한 학생 쪽에 합류한다. 자신의 계획과 실천을 비판하는 사람에게 오히려 '방법에 대한 확신과 성공 가능성'을 자신감 있게 말해야 한다. 주변의 공격과 방해하는 요소를 이겨내지 못하면 바로 실패로 끝나 버린다. 3일 동안은 나 자신과의 싸움이 아니라 외부와의 싸움에서 승리하는 것이 핵심이다. 3일 동안은 내 머리와 몸은 괜찮지만 주변에서 오히려 실패하게끔 유혹하는 경우가 많다. 스스로 방어막을 치고 성공한 모습을 상상하며 꾸준히 실천한다면 분명 성적 상승의 길로 갈 수 있을 것이다.

❙ 3일 동안은 의욕이 넘치는 시기다. 주변의 유혹에만 빠지지 않는다면 꾸준히 할 수 있다.

❙ 단, 의욕이 넘친다고 해서 무리한 계획을 잡지 마라. 꾸준히 하는 것이 더 중요하다.

❙ 배우는 시간과 스스로 익히는 시간을 체크하라. 앞으로의 계획에 도움이 된다.

대위기가 찾아오는 첫 번째 주말에 유의하자

4~7일차

행동 요령

4일차 흔들리는 마음을 극복할 수 있는 명언을 큰 소리로 읽거나 자주 보는 교재에 써봐라.

5일차 주말 스케줄 중 계획에 위협이 되는 것을 미리 작성하고 책상에 붙여놓아라.

6일차 공부 계획 중 오답 정리할 시간을 미리 확인하라.

7일차 지키지 못했거나 위험했던 순간을 기억해보고 행동 지침을 계획표에 포스트잇으로 붙여놓아라.

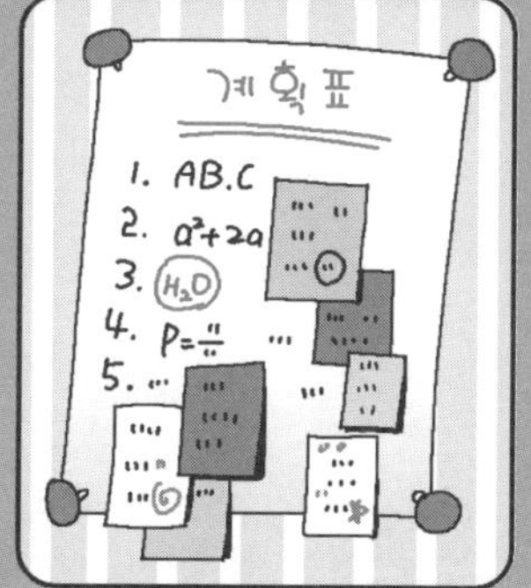

공부 습관을 만드는 과정에서 첫 번째 주말은 매우 중요한 시점이다. 평일에 비해 시간에 여유가 있고, 마음도 편하며, 친구와 어울리는 기회도 많아지는 시기가 바로 주말이다. 물론 주말에 학원을 다니거나 과외를 하며 시간을 내기 어려운 학생도 있지만 그래도 학교를 다니는 평일보다는 '몸과 마음에 여유가 있는 시점'이라고 말할 수 있다.

첫 주말을 어떻게 생각하고 움직이느냐에 따라서 공부 습관의 유지와 포기가 결정된다. 공부 습관에 대한 컨설팅을 받고 습관 만들기를 시작한 고등학생 100명 중 90명이 바로 이 시기에 포기했다. 즉, 포기할 학생들 대부분이 이 시점에서 멈추게 될 것이다. 실패 확률 90퍼센트! 1차 위기가 바로 주말이다.

주말은 복습 중심으로 공부한다. 정리 → 암기 → 문제 풀이 → 오답 정리의 학습 단계에서 정리와 암기는 당일 완성! 문제 풀이와 오답 정리는 주말까지 끝내라고 했었다. 주말은 일주일 동안 진행된 공부 내용을 완벽하게 정리하는 단계라고 생각해야 한다. 사실 주말에 더 많은 계획을 세운 학생도 많다. 주말에 평일 학습을 보완할 수 있는 시간이 있는지 미리 확인해 놓는 것이 중요하다. 주말에 너무 많은 것을 할 수 없다는 것을 반드시 인식하고, 평일에 할 수 있는 것들을 최대한 많이 해놓는 것이 계획을 실행하는 면에서 매우 유리하다. 특히 주말 학습에서 강조하는 것이 오답 정리와 반복이다. 평일에 오답 정리를 했다 하더라도 반드시 주말에 확인하며 반복할 필요가 있다.

주말에 실행하지 못한 계획은 반드시 메모해 놓아야 한다. 주말에 학습할 수 있는 정확한 분량을 파악하지 못했을 수도 있기 때문에, 다음 주 주말을 더욱 효율적으로 사용하는 계획에 매우 중요한 정보가 된다.

공부 습관을 완성하려고 우린 3일 동안 꾸준히 노력했다. 하지만 4일차부터는 의욕이 조금씩 감소한다. 이와 동시에 머리는 '습관을 유지해야 한다' 고 몸에 명령하지만 몸은 예전의 편한 상태로 돌아가려는 시도를 한다. 머리가 몸의 이런 반응에 굴복하면 습관 만들기는 실패로 돌아가는 것이다. 대부분의 학생들이 몸의 의지에 굴복한다.

그래서 4일차부터 7일차까지, 실패 확률 90퍼센트의 위기 상황에서 자신의 상태를 정확히 파악하고 그에 대한 대비를 철저히 해야 한다. 실패한 학생들은 이때까지 '방법에 변화를 줄까?' 와 같은 외부 환경에 대한 고민을 계속한다. 특히 주말에 고민이 가장 커진다. 주변 사람들이 다른 방법으로 공부하길 요구할 때 어떤 반응을 보여야 할까? "그래, 네 말이 맞아"라고 한 다음 추천해준 방법을 따를 것인가? 아니면 지금 방법을 그대로 유지할 것인가?

만약 다른 방법으로 바꾸면 어떻게 될까? 1~3일차에 바꾼 방법도 금방 포기하게 된다.

공부 습관 만들기에 도전할 때 꼭 내가 제시한 방법으로 하지 않아도 된다. 자신만의 확실한 방법이 있다고 생각하면 그 방법을 가지고 습관을 만들면 된다. 중요한 것은 한 번 결정한 것들을 꾸준하게 유지하겠다는 마음과 몸 상태다. '방법에 변화를 줄까' 라는 고민이 시작되는 시점에서 무조건 지금 방법을 유지하겠다는 결론을 내려야 한다. 그래야 공부 습관을 완성할 수 있다.

3일 동안 유지했던 학습 의욕은 4일차부터 점차 하락하는데 7일차가 지나갈 때 급감한다. '지금 계획한 분량과 방법이 너무 힘들어' 라는 생각이 들게 된다. 3일 동안은 '이건 꼭 마무리해야 하고, 열심히 해야지' 하고 생각하지만 4일차부터 7일차에는 예전으로 돌아가려는 몸의 신호가 매우 강해지기 때문에 쉽게 포기하려는 마음이 든다.

이렇게 외부와 나 자신의 변화 탓에 계획을 따르기가 어려워지는 상황이 발생한다. 계획을 꾸준히 지키려는 마음은 있지만 점차 부담감을 느끼게 된다. 또한 예측하지 못한 문제가 발생하는 시점이기도 하다. 주말에 공부하려 했는데 친구와의 약속이나 가족 행사, 동아리 활동 등 예상치 못한 일정이 잡힌다. 이런 것들 때문에 계획이 틀어진다. 자신의 의지가 아닌 이유로 계획을 유지하지 못하는 상황은 좋은 핑계거리다. 이로써 쉽게 계획을 포기하게 된다.

1차 위기를 극복하려면 다음 단계 미션을 진행해야 한다.

첫째, 포기하지 말고 수정하라.

계획대로 유지하다가 그게 제대로 진행되지 않는 시점이 온다면 선택이 필요하다. 분량을 줄일 것이냐 아니면 분량을 유지할 것이냐의 문제를 고민해야 한다. 공부를 많이 하려는 계획이 아니라 공부 습관을 만들려는 계획이었음을 기준으로 삼고 계획 수정을 판단해야 한다. 시간과 양을 줄이면 계속 유지할 수 있겠다는 생각이 든다면 과감하게 줄이는 것도 방법이다. 만약 21일 이후에 습관이 완성되거나 일주일이 지난 후에 몸이 점점 적응하기 시작하면 다시 예전의 시간과 분량으로 돌아와도 된다.

21일 공부 습관 만들기를 하다 보면 많은 학생들이 '저만 이러는 건가요?' 하고 궁금해한다. 사실 이 시기는 상위권, 중위권, 하위권 모두가 같은 어려움을 느낀다. 즉, 실력이나 수준에 상관없이 모두가 동일한 상황을 경험하고 있다는 뜻이다. 하지만 이런 위기에 대한 대처 방법은 크게 다르다. 실패한 학생들은 진행하다가 바로 포기하고 다시 예전의 모습으로 돌아가지만 상위권 학생은 이 시점에서 포기하는 것이 아니라 수정한다. 그래서 그들은 자신에게 맞는 공부 습관을 주변의 도움 없이도 만들 수 있었던 것이다. 중위권이나 하위권도 지금은 계획을 수정하는 단계라 생각하고 처음에 머리로만 생각한 계획을 이제는 몸의 반응을 확인하고 몸이 받아들일 수 있는 계획으로 수정한다고 생각하면 이겨 나갈 수 있을 것이다.

둘째, 자투리 시간을 활용하라.

짧은 시간을 이용해서 평소 하지 못했던 것을 보완해 간다면 계획에 맞는 공부 시간과 여유를 확보할 수 있다. 누구나 자투리 시간을 확보할 수 있다. 5분이나 10분도 좋다. 확보할 수 있는 시간을 확인하고 계획 중 하지 못했던 것을 조금씩 해나간다면 1차 위기를 극복할 수 있을 것이다. 5분이면 수능 국어에서 지문 1개와 문제 3개를 풀 수 있고, 영어는 지문 2~3개를 풀 수 있다. 수학은 빠르면 3문제, 어려운 것은 1문제를 풀 수 있다.

이렇게 매일 자투리 시간을 활용한다면 원래 세웠던 계획을 완벽히 진행할 수 있다. 4일차로 넘어가면 학습 의욕이 떨어지기 때문에 원래 하던 분량을 계획한 시간 내에 완료하기 어려워진다. 5분 자투리 시간을 10번만 확보한다면 모든 학습의 보완이 가능하다. 정리 또는 문제 풀이, 오답 정리를 5분 자투리 시간을 활용해서 한다면 어려움을 100퍼센트 극복하고 자신감을 확보하며, 자투리 시간을 활용하는 습관까지 덤으로 얻을 수 있다.

셋째, 주변에 자신의 계획을 알려라.

남들에게 알리지 않고 혼자서 공부 계획을 실행하면 더 포기하기 쉽다. 원상태로 돌아가더라도 그 누구도 나에게 뭐라 하지 않는다. 그렇기에 주변에 새롭게 공부를 시작했다거나 공부 습관을 만들려고 노력하고 있다는 것을 알릴 필요가 있다. 보통 학생들은 온라인이나 스마트 기기를 활용한다. 페이스북, 트위터, 카페, 블로그 등을 활용하여 공부 계획을 수립한 후 21일 동안 유지하겠다는 사실을 알린다면 책임감이 생겨서 계속 유지할 확률이 높아진다. 주변 친구에게 알리는 것도 좋은 방법이다. 스스로 실천하는 모습을 친구들에게 보여주면 혼자서 진행하는 것보다 계획을 유지할 확률이 높아진다.

4일~7일차에서 가장 크게 주의해야 할 점은 실패 확률 90퍼센트의 1차 위기가 온다는 것이다. 그 위기를 극복하려면 주변의 반응에 흔들리지 말고, 계획을 제대로 실천하지 못했더라도 포기하지 않고 수정해 나가려는 마음이 필요하다. 계획 수정은 습관을 완성하는 과정에서 중요하다. 하지만 무조건 공부 시간과 분량을 줄인다고 습관이 완성되는 것은 아니다. 처음에 세웠던 계획이 감당하기 어려울 때만 줄이는 것이 좋으며, 가능한 한 유지해보려는 마음이 오히려 공부 의욕을 높이는 계기가 될 수도 있다. 자투리 시간을 최대한 활용하고 주말 복습 일정을 미리 세우며 평일에 하지 못한 것과 오답 정리를 반복할 수만 있다면 7일까지는 공부 습관 만들기를 완벽히 진행했다고 말할 수 있다.

▌주말에는 평일에 못했던 것과 오답 정리를 실시한다.

▌가장 많이 흔들리는 시기이니 포기하기보다 계획을 수정한다.

▌자투리 시간을 조금씩 확보해서 부족한 것을 보완한다.

요령을 피우고 싶은 마음을 잡아라

8~15 일차

행동 요령

8 일 차 일주일 동안의 계획 중 수정할 사항을 체크하고 실천할 수 있도록 수정하라.

9 일 차 8일차에 수정한 계획 중 보완할 것이 있는지 생각하고 반드시 고쳐야 할 것만 메모하라.

10일차 위기감을 느꼈을 때 주변 친구나 선생님, 부모님께 나의 계획을 다시 말하고 다니면서 의지를 다잡아라.

11일차 자투리 시간 활용의 문제점과 개선사항을 생각해 보고 추가하거나 공부 내용을 변경하라.

12일차 포기하고 싶은 마음이 들 때 가장 친한 친구 또는 선배와 고민을 나눠라.

13일차 주변 친구나 경쟁자의 단점을 확인하고 나의 장점과 비교해봐라.

14일차 내가 지금까지 공부한 분량을 확인하면서 스스로에게 칭찬을 해주고 꼭 보상을 줘라.

8일차의 핵심은 중요 습관을 유지하는 것이다. 7일차를 통과했다면 이미 기본적인 공부 방법에 대해서는 경험이 끝났다. 또한 공부도 적정량을 파악할 수 있다. 또한 자신이 잘못한 부분이 무엇인지도 알고 있다. 공부 습관을 만드는 과정에서 필요한 경험을 다 했다는 점은 다시 말하면 마음이 흔들리는 시점이기도 하다는 말이다. 이 시기에 포기한다면 어쩌면 공부 습관 만들기는 처음부터 다시 해야 할지도 모른다. 포기하지 말고 자신이 잘못한 부분을 조금씩 고쳐 나간다면 나에게 맞는 습관을 만들 수 있다.

공부 습관 만들기에서 중요한 것은 계획한 것을 실천하는 것이다. 2주차에는 실천이 익숙해진다. 다시 말하면 2주차부터는 점차 습관이 보이기 시작한다는 것이다. 일주일 이후 점차 습관이 몸에 익어가기 시작한다. 힘든 고비는 이미 지나갔다. 이제 머리가 생각하는 것을 몸도 크게 거부하지 않는다. 이런 상황에서는 집중력도 조금씩 상승하기 시작한다. 스스로도 공부를 꾸준히 할 수 있다는 가능성을 느낀다. 하지만 아직 성공했다는 생각까지 들지는 않는다. 어쩌면 성공과 포기의 중간 단계라 할 수 있다.

4일차부터 7일차까지는 머리가 생각하는 것을 몸이 따라주지 않아 억지로 끌고 왔어야 했다. 하지만 2주차는 몸에 신호를 보내면 자연스럽게 움직이기 시작한다. 그래서 조금은 편하게 공부할 수 있게 된다. 또한 유혹이 있더라도 크게 흔들리지 않고, 쉽게 포기하려는 마음이 생기지 않는다. 주변에서 어떤 얘기를 하더라도 나만의 공부 습관을 만들겠다는 마음도 강하게 든다. 하지만 다 좋은 상황만 있는 것은 아니다.

2주차부터 나의 적은 외부가 아니라 내부다. 나 자신과의 싸움이 시작되는 시점이다.

8일차로 넘어가면 학습 의욕은 거의 바닥으로 떨어진다. 몸이 생각하는 대로 움직여지는 시점이지만 의욕은 떨어져 있기에 책상에 앉아 잡다한 생각을 한다. 이 상황에서 대부분 학생들은 또다시 공부 방법의 변화를 고민하게 된다.

노하우가 생기면서 공부 시간을 줄이고 목표한 것을 빨리 마무리하는 식으로 계획을 수정하려 한다. 즉, 요령이 생기는 시기라 할 수 있다. 일주일 동안 공부하면서 머리가 정리되고 몸도 움직여지면서 요령이 생긴다. 잔머리를 굴리게 되는 것이다. "어떻게 하면 더 빠르게 할 수 있을까?" "암기는 이 정도만 해도 되겠지?"라는 생각을 하게 되며, 더 쉽게 할 수 있는 방법을 찾으려 하고, 결국 그 단계의 공부를 완성하지 못한 상태에서 다음 단계의 공부를 진행한다. 당연히 결과는 만족스럽지 못하게 되며 결국 집중력이 떨어진다.

집중력이 떨어지면 다시 지금의 방법이 옳은가에 대한 고민이 시작된다. 자꾸 스스로 질문하게 된다. '내가 정말 잘하고 있는 것인가?' 지금 하는 공부 방법에 대해 아직 확신이 들지 않는다면 방법을 바꾸려는 마음이 강해진다. 부정적인 답변이 나오면 지금까지 노력한 것이 모두 무너질 수 있다. 나 자신과의 싸움이란 바로 이런 자신의 생각을 극복하는 것이다.

많은 학생들에게 21일 공부 습관 만들기 방법을 알려주고 적용했을 때 2주차를 성공적으로 유지한 학생들은 대부분 '이 방법이 분명 나를 변화시켜줄 수 있을 것'이라는 믿음이 강했다. 하지만 믿음이 부족한 상태에서 시작한 학생 중에는 안타깝게도 2주차에서 포기하는 학생도 나타났다. 아직 습관이 제대로 완성되지 않았기에 그에 따른 실패도 나타나는 것이다.

매일 계획을 실천하면서 오늘 하루 최선을 다했다는 느낌을 받는다면 2주차의 가장 큰 적인 나 자신을 쉽게 이길 수도 있다. 매일 공부하는 것을 스스로 응원하고 칭찬해줄 필요가 있다. 이 작은 행동이 2주차에 큰 도움이 된다.

2주차의 가장 큰 문제인 공부 방법을 바꾸려는 욕구를 없애려면 다음과 같이 해야 한다.

첫째, 지금까지의 공부 양을 측정해보라.

매일 꾸준히 공부한 분량이 어느 정도인지 스스로 확인해본다. 만약 매일 꾸준히 공부해 왔다면 그 분량은 절대 적지 않을 것이다. 21일이 지난 후 공부 습관이 만들어진다면 공부하는 분량과 속도는 더욱 빨라질 것이다. 이런 생각을 하는 것만으로도 지금의 공부 계획과 방법을 유지할 기운이 날 것이다.

둘째, 친구들의 잘못된 점과 비교하라.

학생들 대부분이 자신의 부족한 점과 친구가 잘하는 점을 비교한다. 내가 영어를 못하면 영어를 잘하는 친구와 나를 비교한다. 하지만 그 친구보다 내가 영어는 잘 못하지만 수학은 더 잘할 수도 있다. 내가 잘하는 것과 상대방이 못하는 것을 비교해보기 바란다. 자만심을 가지라는 것이 아니라 주변 친구들이 내가 처음에 힘들어했던 것들, 즉 공부 계획을 세웠다가 포기하는 것, 문제 풀이만 하다가 실패한 것에 어떻게 대응하는지 비교해본다면 지금 하는 방법이 옳다는 것을 느끼게 될 것이다. 어쩌면 무작정 열심히만 공부하는 친구들이 안타까울 수도 있다. 공부 방법의 측면에서 친구와 나를 비교해본다면 2주차를 유지할 수 있는 자신감을 얻을 수 있을 것이다.

셋째, 고민을 상담하라.

열심히 했는데 잘 안 되는 경우에 고민을 주변 사람들에게 말하는 것도 방법이다. 나를 꾸준히 응원해주는 주변 사람이 있다면 적극적으로 활용하는 것이 좋다. 내가 하는 말을 들어주는 사람이 있는 것만으로도 큰 위안과 힘이 된다.

그런 사람이 없는 경우에는 자신의 방법을 주변 친구들에게 추천해보자. 만약 친구가 공부 습관 만들기를 같이 시작한다면 나 또한 더욱 열심히 하려는 마음을 먹게 된다.

공부 습관 만들기에서 큰 고비를 넘어왔지만 아직 완성에 도달하기까지 넘어야 할 것이 남아 있다. 이것만 넘어간다면 나만의 공부 습관을 완성할 수 있으며 성적 향상을 체험할 수 있다. 2주차에는 나 자신과의 싸움에서 이길 방법을 찾아서 적용하기 바란다. 큰 고비는 이미 1주차에 있었다. 적극적으로 움직이려는 의지와 공부 방법에 대한 확신만 있다면 2주차는 쉽게 극복할 수 있을 것이다.

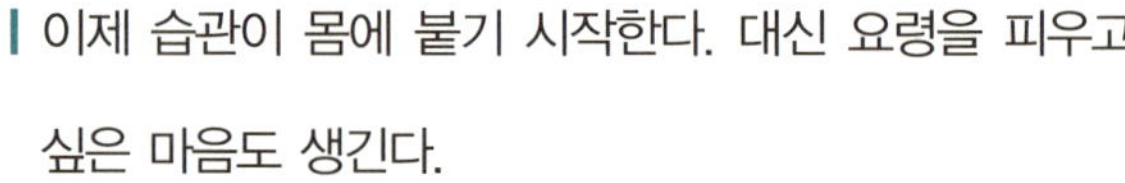

▎이제 습관이 몸에 붙기 시작한다. 대신 요령을 피우고 싶은 마음도 생긴다.

▎남이 아니라 자신과의 싸움이다. 습관이 만들어졌을 때 분명 보람이 있을 것이라는 믿음을 가져라.

▎하루가 지났을 때 스스로를 칭찬해라.

마지막 위기를 넘기고 습관을 완성하는 단계

15~21일차

행동 요령

15일차 계획에 맞춰 공부 우선순위를 다시 정리하고 집 여러 곳에 붙여 놓아라.

16일차 하루 24시간 중 자는 시간을 뺀 나머지 시간 계획을 수립하라.

17일차 주변 친구에게 자신의 공부 습관 만들기를 말하고 동참할 친구에게 방법을 알려주어라.

18일차 지금까지 위기였던 순간을 다시 생각해 보고 극복하게 만들었던 방법을 작성하여 책상에 붙여놓아라.

19일차 주변 친구들에게 나의 성공 경험과 노하우를 전수해줘라.

20일차 책에서 나온 성공 사례와 실패 사례를 확인하면서 21일 이후에도 꾸준히 유지할 수 있다는 자신감을 가져라.

21일차 그동안 힘든 위기를 극복한 나 자신에게 큰 보상을 주고 꾸준히 유지할 수 있도록 계획표를 크게 만들어서 방에 붙여놓아라.

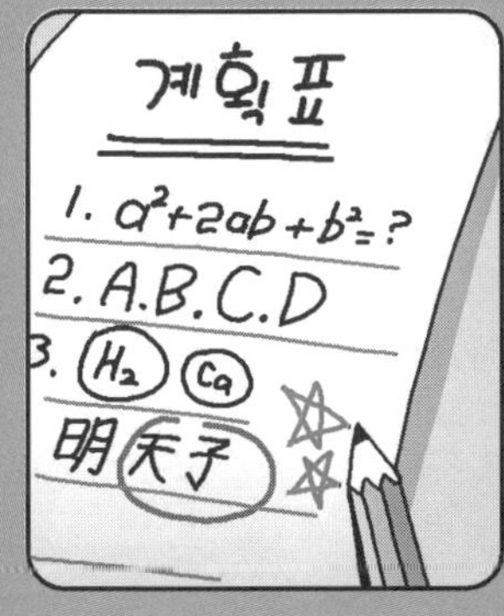

이제 공부 습관 만들기에서 마지막 단계에 접어들었다. 지금까지 가까스로 버틴 학생들도 있고, 자신감이 많이 생긴 학생도 있을 것이다. 결국 모두 자신과의 싸움에서 승리했다고 볼 수 있다. 마지막 단계인 3주차를 거치면 우리가 원했던 공부 습관을 몸에 익히고 유지하는 힘을 얻게 된다. 하지만 지금까지 어렵게 유지했음에도 불구하고 이 단계에서 포기하는 학생도 있다. 3주차가 되면 처음 계획을 수립했을 때와 상황이 많이 바뀌어 있을 것이다. 계획 초기에 예측하지 못했던 문제가 나타나고 공부 환경도 바뀐다. 그래서 처음 세운 계획이 지금의 나와 맞지 않는다는 생각을 하게 된다. 이런 생각이 쌓이다가 결국은 포기한다. 7일차에 1차 위기로 90퍼센트의 학생이 포기한다면 3주차에 남아 있는 학생 중 50퍼센트가 포기하는 2차 위기가 찾아온다.

2차 위기는 계획하지 않는 시간이 생기기 때문에 찾아온다. 예를 들어 학원을 다녀온 후 계획한 방법에 맞춰 공부하려 하지만 숙제가 너무 많아서 계획 실천이 어렵다. 반대로 숙제가 적어서 시간에 여유가 있을 때도 공부에 대한 집중력이 줄어드는 현상이 발생한다. 공부에 대한 집중력이 떨어지면 가장 먼저 '이 방법이 나에게 맞는 것일까?' 하는 생각을 하게 된다. 이 때문에 다시 한 번 지금의 방법에 대한 고민을 하는 것이다.

　또한 공부의 우선순위가 바뀜에 따라 지금 하던 방법을 서서히 손에서 놓는다. 공부 습관에 몸이 적응하면서 공부 속도가 조금씩 빨라지는 것을 이제 스스로도 느낄 수 있다. 이때 학생들 대부분은 다른 공부를 더 하고자 하는 마음을 먹는다. 여기서 우리가 지금까지 해왔던 방법으로 추가 계획을 수립하면 전혀 문제가 되지 않는다. 하지만 지금까지 해왔던 방법이 아닌 다른 방법의 공부를 추가하면서, 추가된 공부가 더 중요하다는 생각을 하게 되는 게 문제다. 오늘 해야 할 정리와 암기를 완료했다면 상식적으로 문제 풀이와 오답 정리로 넘어가는 것이 맞지만 주말에 할 요량으로 다른 과목을 하거나 인터넷 강의를 듣는다. 이렇게 되면서 조금씩 공부의 우선순위가 바뀌게 되는 것이다. 다른 방식의 학습을 하면서 오히려 불안감이 커지기 때문에 문제 풀이 중심의 예전 공부 방식으로 되돌아갈 위험이 있다.

　마지막으로 선행에 대한 부담이 결국 공부 흐름과 습관을 바꾸게 한다. 정리와 암기, 문제 풀이, 오답 정리는 예습을 위한, 즉 선행을 위한 것이 아니라 복습을 위한 과정이다. 물론 학원이나 과외, 인터넷 강의를 듣고 지금까지의 방법을 따라 하면 문제가 없다. 하지만 주변 친구들이나 가족, 선배, 선생님 등이 선행에 대해 얘기하거나 압박할 때, 또는 주변 친구들이 방학이나 학기 중에 선행을 빠르게 진행하는 것을 보면 불안감이 커지고 진도 위주의 공부에 집중하기 시작한다. 이렇게 되면 강의만 듣고 문제만 푸는 방법으로 바꾸게 된다. 바로 예전의 안 좋은 공부 습관으로 돌아가는 것이다. 3주차 때 실패하는 학생들은 본인이 미처 느끼지 못한 상황에서 실패한다. 어쩌면 '실패'라는 표현보다는 '잊혀 간다'는 말이 더 맞을 것이다.

"위기가 왔을 때 계획을 수정하라." 이 책을 꾸준히 읽었다면 충분히 무슨 뜻인지 알 것이라 생각한다. 실패 확률 50퍼센트인 3주차를 시작하면서 우리가 해야 할 일은 지금까지 진행했던 계획을 마지막으로 수정하는 것이다.

첫째, 공부 시간과 과목을 늘려라.

지금까지 우린 공부 습관을 만들고자 5분, 10분, 1시간, 4시간 등의 계획을 수립해서 매일 꾸준히 실천할 수 있도록 조정해 왔었다. 이제부턴 하루 전체에 대한 계획을 수립할 필요가 있다. 2주차까지 특정 과목 하나만 했다면 전체 과목으로 확대하는 것이 좋다. 2주간의 경험을 통해 어떻게 계획을 세워야 하는지 알았을 것이다. 이제 우리는 그렇게 할 수 있는 능력이 있다. 이제 상위권을 따라잡거나 뛰어넘을 수 있는 계획을 수립할 수 있다는 뜻이다.

둘째, 자투리 시간을 계획에 포함시켜라.

2주차 때 5분의 자투리 시간을 활용하라는 말을 했었다. '이 시간만 제대로 활용한다면 못할 것이 없다'고 강조했었는데 이제부턴 이 시간도 계획에 포함시켜 반드시 실천해야 한다. 3주차의 계획 수정은 공부 시간을 늘리거나 줄이는 것뿐 아니라 공부 시간 전체를 계획하고 실천하는 것이 핵심이다. 그렇기에 자투리 시간도 계획에 포함해서 실천해야 하는 것이다. 5분간의 자투리 시간이 여섯 번 있을 때에 내가 할 수 있는 것이 무엇인지 정리해 놓고 실천한다면 추가 공부 시간을 확보하지 않더라도 많은 것을 하게 될 것이다.

셋째, 자는 시간을 제외한 나머지 시간을 계획하라.

전체 시간을 계획하는 것은 밥 먹는 시간과 자는 시간을 제외한 나머지 모든 시간을 계획에 포함한다는 뜻이다. 쉬는 시간이나 이동 시간도 다 포함하는 것이다. 2시간의 공부 계획을 수립하는 것보다 하루 전체의 계획을 수립하는 것이 어쩌면 더 편할 수도 있다. 지금과 같은 공부 습관을 만들기 전에는 대부분 하루 전체의 계획을 수립했었기 때문이다. 예전과 다른 점은 실천할 수 있는 몸과 마음으로 변했다는 것이다.

노는 시간과 쉬는 시간, 이동 시간을 계획대로 움직인다면 공부 계획도 잘 실천할 수 있다. 3주차 단계에서 즉시 움직이는 몸과 마음을 이용하여 실천력을 높인다면 계획을 실천하지 못하던 나의 잘못된 습관은 점차 사라질 것이다.

21일 동안 공부 습관을 완성하려고 꾸준히 노력했다면 분명 자신에게 맞는 공부 습관을 만들었을 것이다. 하지만 공부 습관을 만들었다고 끝이라 생각하면 안 된다. 조금만 긴장이 풀어지면 다시 예전으로 돌아갈 수 있다.

공부 습관이 만들어지면 주변에서도 나의 변화를 눈치챈다. 주변 친구들이 나의 변화를 궁금해할지도 모른다. 변화된 과정과 방법을 물어본다면 숨기지 말고 자세히 알려주자. 오히려 주변 친구들이 물어보지 않더라도 21일 동안 공부 습관을 만든 노하우를 먼저 알려주는 것이 좋다. 혼자만 알고 계속 유지하려 하면 쉬고 싶거나 공부하기 싫을 때 혼자서 이겨내야 하지만, 주변 친구도 같이 진행한다면 서로 도와줄 수 있는 환경이 만들어진다. 이런 상황에서는 포기보다 더 해보려는 마음이 커진다.

언제든지 습관은 다시 예전으로 돌아갈 수 있다는 점을 잊지 말아야 한다. 친구를 내가 변화시킬 수 있다면 나 또한 성장한다. 친구가 실패할 수도 있다. 하지만 나는 경험을 해봤기에 그 상황에서 어떻게 해야 하는지 알려줄 수 있으며, 그렇게 함으로써 나 또한 습관을 유지할 수 있다.

진짜 공부는 혼자가 아니라 함께 하는 것이다. 혼자 하는 공부는 상위권 일부만 제외하고는 효율이 떨어진다. 내가 아는 것을 친구들에게 가르쳐주면 학습 효과가 매우 높아진다. 좋은 것을 숨기지 말고 공유해서 지금의 좋은 습관을 유지하기 바란다.

하루하루 꾸준히 노력한 것이 21일이 지난 후에는 습관으로 만들어진다. 여기까지 도달하면 외부 환경과 나 자신과의 싸움에서 흔들리지 않게 된다. 이제부턴 어떤 공부를 하더라도 자신감을 가진 상태에서 할 수 있을 것이다. 우리가 지금까지 얘기한 공부 방법을 꾸준히 따라 한다면 최적화된 공부 방법과 습관을 얻게 되므로 공부에 자신감이 생기고 성적을 올릴 수 있다는 확신이 생길 것이다.

마지막으로 당부하고 싶은 것은 유명 강사, 좋은 선배, 멘토 등등이 여러분들을 도와줄 수는 있지만 그것만으로는 성적을 올릴 수 없다는 것이다. 공부하는 주체, 즉 내가 어떻게 바뀌느냐에 따라 상위권이냐 중위권이냐가 결정된다. 나에게 가장 중요한 공부 습관을 만들기 위해, 21일 동안 최선을 다해 꾸준히 노력하기 바란다. 그토록 원하던 공부 습관이 완성되면, 누적 학습 효과 덕분에 성적이 꾸준히 상승할 것이다.

고등학교, 중학교, 또는 대학생 모두 자신에게 맞는 공부 방법과 습관에 대해 끊임없이 고민하고 불안해한다. 다른 사람의 경험에 의해 만들어진 방법은 나에게 맞는 방법이 될 수 없다. 공부의 기본 원리에 맞게 수업을 듣고, 정리를 하고, 암기와 문제 풀이, 오답 정리를 진행해서 만들어진 습관만이 지금의 불안을 넘어 공부가 즐거워지는 머리와 몸으로 나아가게 할 것이다.

| 지금까지 해왔던 방법과는 다른 공부 방법을 추가하지 마라.

| 전체 계획을 짜면서 공부 시간을 늘려라.

누가 성공하고
누가 실패했는가

경험하지 않으면 느끼는 것도 없다. 이 장의 사례를 확인한 다음에는 반드시 정리 → 암기 → 문제 풀이 → 오답 정리를 통한 복습을 반복하여 공부 습관 만들기에 도전해보도록 하자.

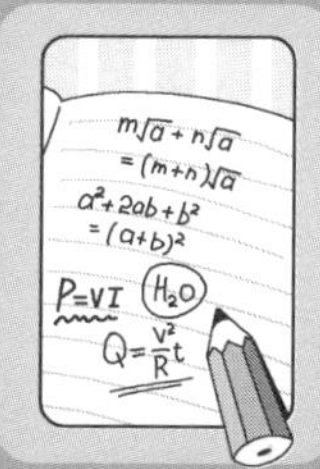

공부 습관을 만들려고 21일 동안 많은 학생들이 도전했지만 실패한 학생도 있고 성공한 학생도 있다. 어떤 학생이 실패했고 또 어떤 학생이 성공했는지를 확인하면 하지 말아야 할 것, 반드시 바꿔야 할 것을 알 수 있을 것이다. 경험하지 않으면 느끼는 것도 없다! 사례를 확인한 다음에는 반드시 공부 습관 만들기에 도전해야 한다. 실패와 성공 사례 분석은 공부 습관 만들기에 도전했다가 실패한 학생들을 위한 내용이다. 공부 습관은 성적을 향상시키려면 반드시 만들어야 한다! 중간에 포기했었더라도 다시 도전할 때에는 처음보다는 더 빠르게 적응할 수 있을 테니 포기하지 말기 바란다.

공부 습관 만들기에 실패한 학생들의 특징

앞의 장에서도 하지 말아야 할 것과 위기 사항에서 어떻게 대처해야 하는지를 얘기했었다. 사실 실패한 학생도 공부를 잘하고 싶어 하는 마음은 있었다. 그러기에 계획을 수립하고 실천하려 노력했던 것이다. 하지만 어떤 문제점 때문에 포기하거나 실패하게 된 것이다. 과연 그들의 문제점은 무엇이었을까?

첫째, 공부 = 배우는 것.

공부는 배우는 것이라 생각하는 학생이 많았다. 물론 공부는 배우는 것이다. 하지만 '학습(學習)'에는 배우는 영역이 있고 스스로 익히는 영역이 있다. 몇 년 전부터 자기주도학습, 자습, 바른 학습 등 여러 이름으로 부르며 스스로 익히기를 강조하고 있다. 핵심은 배운 영역, 즉 타인에 의해 정보를 얻은 것(學)을 스스로 익히는, '습(習)'이라고 하는 부분을 생각해야 한다는 것이다. 많은 학생들이 스스로 익히는 시간보다 배우는 시간에 더 집중하다 보니 많은 시간을 투자하더라도 정작 머릿속에 남아 있는 것이 없는 결과를 얻는다.

학생들은 "강의를 많이 들으면 성적을 올릴 수 있다"는 얘기에 흔들릴 수밖에 없다. 그런데 '6시간을 공부했다'고 했을 때 6시간 내내 강의를 들었다면 뿌듯한 기분은 들겠지만 정작 내 머릿속에 남아 있는 것은 없다. 하지만 3시간은 강의를 듣고 3시간을 스스로 공부했다면 많은 것이 머릿속에 남는다. 6시간 동안 들은 강의는 일주일만 지나면 대부분 머릿속에서 지워진다. 강의를 많이 듣는다고 성적이 상승하지 않는다. 강의 중심의 계획에서는 시간이 흐르면 진도는 나가지만 내용은 적게 이해하게 된다. 결국은 포기하고 다른 방법을 찾을 수밖에 없다. 가끔 고3 학생 중에 노력해도 점수가 나오지 않는다며 상담을 받는 경우가 있다. 이런 학생들은 대부분 인강이나 학원에서 강사의 노하우를 배우려 노력한다. 하지만 노력해도 성적은 제자리다. 강의 중심의 공부를 하는 학생은 '유명 강사의 강의는 분명 나를 변화시켜 줄 수 있다'고 생각한다. 유명 강사의 강의를 듣다 보면 자연스럽게 집중하게 된다. 강사가 얘기한 대로만 한다면 성적이 오를 것이라는 생각도 든다.

수능이 가까워 오면 학원이나 인강 수업을 듣기보다 문제 푸는 시간을 더 많이 확보하려는 학생이 많아진다. 공부를 하다 보니 자연스럽게 공부 시간을 확보하지 않으면 성적이 상승할 수 없다는 것을 깨달았기 때문이다. 하지만 이미 타이밍을 놓친 그들에게 남는 것은 불안감밖에 없다.

강의 중심으로 공부하는 학생을 컨설팅해보면 그들도 스스로 익히는 시간을 확보하고 있다고 말한다. 그 학생들은 '스스로 익히는 시간은 곧 숙제하는 시간'이라는 생각을 한다. 시간을 대부분 숙제에 사용한다. 자신에게 물어봐야 한다. 숙제가 정말 내 공부에 도움이 되는지 말이다. 숙제를 '일단 빨리 끝내야 한다'고 생각하면 제대로 내용을 익히기 어렵다. 숙제가 곧 익히는 과정은 아니다. 우리가 말한 학습 단계(정리 → 암기 → 문제 풀이 → 오답 정리)로 진행되어야 진정으로 익히는 과정이라 말할 수 있다. 숙제가 익히는 과정이 되기 위해선 반드시 이 과정 속에 숙제를 포함해야 한다.

둘째, 왜 공부 방법을 고민해? 그냥 하면 되지.

공부 방법에 관심을 갖지 않고 '그냥 하면 되지'라고 생각하는 학생들이 있다. 자신에게 맞는 공부 방법이 없다면 대부분 공부를 쉽게 포기한다. 중위권이나 하위권에 이런 학생들이 많다.

이런 학생들은 '시키는 것을 따라 하는 데 익숙해진 학생들'이다. 주변에서 시키는 대로 공부해온 학생들은 어떤 방식으로 공부해야 자신에게 효과적인지를 고민하지 않는다. 이런 것이 계속 반복되다 보면 스스로 무엇을 해야 할지 몰라 누군가가 통제해주길 바라게 된다. 이런 생각을 하는 학생들은 '공부 습관 만들기'에 도전하더라도 혼자 진행한 경험이 없었기에 대부분 실패한다. 다른 사람에게 의존하려는 생각을 버리지 않는다면 자신만의 공부 습관은 만들 수 없고, 성적 상승도 기대하기 어렵다. 학년이 높아질수록 스스로 공부해야 하는 시간이 많아진다. 다른 사람에게 의존하려는 생각을 가지고 있다면 학년이 높아질수록 불안감은 더욱 커질 수밖에 없고 결과 또한 참담하게 나올 것이다.

공부를 아무 의미 없이 그냥 하는 학생도 있다. 컨설팅을 하다 보면 의외로 많은 학생들이 공부를 왜 해야 하는지, 얼마나 해야 하는지, 어떻게 해야 하는지를 고민하지 않고 남들이 하는 것을 따라 하거나 꼭 해야 할 것만 하고 넘어가는 경우를 많이 본다.

학원에서 제대로 이해하지 못한 상황에서 무작정 진도만 나가고 문제가 틀려도 그냥 넘어가는 학생들이 우리 주변에는 너무나 많다. 이런 학생들은 공부는 '당연히 해야 하는 것이다'라고 생각하지만 열심히 하진 않는다. 시험 기간에만 집중하고 다시 공부를 대충하는 생활을 반복한다.

예전에 한 온라인 공부 카페에서 공부 시간 대결이라는 주제로 자신의 공부 시간을 올려 경쟁하는 이벤트를 한 적이 있다. 자신의 공부 시간을 올리고 다른 친구들과 공부 시간을 비교해보면서 자신의 공부 수준을 파악하는 학생들을 많이 보았다. 자신의 공부 시간이 상위 20퍼센트 안에 든다며 좋아하던 한 학생은 사실 실력으로 보면 하위권에 속하는 학생이었다. 학교와 학원의 수업 시간과 숙제하는 시간을 모두 합한 숫자만 놓고 보면 정말 많은 시간을 공부하는 것처럼 보인다. 하지만 이 친구는 책상 앞에 앉아 있었지만 실제로는 10분만 공부하고 20분은 낙서를 하거나 음악을 들었다. 이런 사례는 너무나 많다. 자신이 공부를 왜 해야 하는지를 모른다면 분명 공부는 지겹다. 최대한 빨리 마무리하고 다른 것을 하고 싶은 마음이 생긴다. 목적이 없는 활동은 100퍼센트 실패할 수밖에 없다. 지금 하는 공부에 의미를 둬야 한다.

공부 습관 만들기 모임을 진행할 때 고1이던 재균이라는 남학생이 있었다. 이 친구는 하위권 성적이었는데 공부를 포기하지 않고 꾸준히 노력했다. 하위권 성적임에도 다른 학생들보다 더 열심히 하려는 재균이에게 그 이유에 대해서 물어 보았다.

"사실 제가 동아리에 좋아하는 여자 친구가 있는데 그 친구와 친하게 지내려면 공부를 잘하는 모습을 보여줘야 할 것 같아서요" 라고 대답했다. 재균이는 공부에 큰 관심이 없었지만 여자 친구와 친하게 지내고 싶다는 이유가 생겼고, 결국은 성적이 많이 상승했다.

꿈이나 진로가 목표가 아니라 단순히 여자 친구에게 잘 보이려고 공부했다며 비웃을 수도 있다. 또 원래 공부를 제대로 하지 않았던 학생이기에 쉽게 질리고 포기할 것이라 예상했을 수도 있다. 하지만 재균이에게는 적어도 21일 동안 습관을 만들 충분한 이유였고, 습관이 만들어진 이후에는 공부에 재미를 느끼게 되어 계속 공부 습관을 유지할 수 있었다.

21일을 유지할 자신만의 이유는 매우 중요하다. 남들이 인정할 만한 이유가 아니어도 되고, 진로처럼 큰 목표가 아니어도 좋다. 21일 동안 공부를 유지할 수 있는, 즉 계획을 세워서 꾸준히 지킬 수 있는 의미나 이유가 있다면 충분히 공부 습관 만들기에 성공할 수 있다.

공부 방법을 고민하지 않은 학생은 당연히 공부 방법을 따라 해본 적이 거의 없다. 성적을 높이는 방법을 고민하기보다 그냥 상황에 맞춰 공부하는 학생은 공부 습관 만들기를 진행하다가 일주일만 지나면 싫증을 내거나 힘들다며 포기한다. 나에게 맞는 공부 방법을 고민하지 않으면 어떤 공부를 하더라도 3일 안에 싫증나고, 집중력이 떨어진다.

공부 방법을 고민하지 않았던 학생들이 자신에게 맞는 방법을 찾는다는 것은 쉬운 일은 아니다. 어쩌면 다 좋아 보일 수도 있고, 모든 것이 자신에게는 맞지 않는다고 생각할 수도 있다. 이런 경우는 제안한 방법을 믿고 묵묵히 따라 하는 것밖에 방법이 없다. 꾸준히 하다 보면 예전보다 효과적이라 느끼게 될 것이고, 이런 감정 덕분에 공부 의욕은 더 높아질 것이다.

셋째, 그래 네 말이 맞아!

열심히 공부하겠다는 마음을 먹었을 때 가장 많이 하는 행동은 주변 친구 중에 공부 잘하는 학생을 무작정 따라 하는 것이다. 상위권 친구가 "내가 하는 방법대로 해봐"라고 했다면 많은 중위권 학생들은 믿고 따라 한다. 하지만 이런 방법은 실패 확률 99.9퍼센트다. 상위권 학생이 제시하는 방법은 그 학생의 경험과 체험 등 수많은 노력을 통해 얻은 결과물이다. 이런 방법은 상위권 친구에게는 딱 맞지만 나에게는 맞지 않는다. '공부할 양이 너무 많다', '너무 어렵다'는 생각을 하게 되고 결국 포기한다. 무작정 상위권을 따라 하지 말고 공부의 기본이 되는 방법을 따라 해야 원하는 공부 습관을 만들 수 있다.

자극적인 공부 전략만을 따라 하려는 학생도 있다. 공부 방법을 찾다 보면 '3초 만에 정답이 나오는 방법', '수능 1초 만에 찍는 방법' 등 남들보다 시간을 적게 투자하면서 효과는 좋다고 주장하는 방법을 접할 수 있다. 이런 자극적인 공부 방법에 따라 다니는 것이 바로 성공 사례다. 이 방법을 따라 하기만 하면 성공 사례에서 본 것처럼 단시간에 고득점을 확보할 수 있을 것 같다. 하지만 이런 방법은 기본 실력이 있을 때는 효과가 있을 수 있으나, 기본 실력이 없는 상태에서는 시간 낭비일 뿐이다. 이런 방법으로 성적이 상승한 학생들은 이미 자신만의 공부 방법과 습관이 있었다는 것을 반드시 기억해야 한다. 어설프게 따라 했다간 시간만 낭비하고 학습 의욕만 더 떨어진다. 느리더라도 가장 확실하게 공부할 수 있는 방법을 선택하여 꾸준히 진행해야 한다.

넷째, 에잇 포기다!

안 되면 바로 포기하는 습관이 있는 학생이 있다. 이런 학생들은 무엇을 하더라도 포기를 먼저 생각한다. 즉 어떤 공부 방법을 적용해도 효과가 없다. 조금만 어렵거나 힘든 상황이 닥치면 실패했다는 생각을 하는 것이다. 상위권과 포기가 빠른 학생들이 공부 습관 만들기를 같이 시작해도 동일한 시점에서 같은 위기가 찾아온다. 다른 점이 있다면 이때 상위권은 극복하려 노력하지만 포기가 빠른 학생들은 너무나 쉽고 빠르게 지금까지의 노력을 버린다는 것이다. 포기하면 다시 처음부터 시작해야 하고, 이런 것들이 반복됨에 따라 결국 상위권을 따라잡을 수 있는 기회가 사라진다. 그래서 포기나 실패라는 생각은 절대로 하지 말아야 한다. 포기하려는 마음이 생긴다면 그 시점이 바로 계획을 수정해야 하는 시기라고 생각하고 자신에게 맞게 계획을 수정하는 것이 좋다. 21일만 꾸준히 유지하면 습관이 만들어지고, 그 이후에 다시 공부 양을 늘리면 된다. 생각을 조금만 바꾼다면 지금과는 다른 결과를 얻을 수 있다는 것을 잊지 말기 바란다.

자신에 맞게 공부 방법에 변화를 주어야 한다. 하지만 변화를 모르는 학생들은 '일단 그냥 해보자', '귀찮으니 일단 해보자' 라고 생각한다. 변하지 않으면 결국 포기하는 쪽으로 결정 나게 된다. 변화를 주는 학생은 포기하지 않는다. 위기라 생각할 때 변화를 준다는 마음을 가지고 공부 습관 만들기를 도전해보기 바란다.

실패한 학생들에게도 공부를 잘하고 싶은 마음은 항상 있다. 하지만 공부 방법과 자신의 생각이 달랐기 때문에 결국 포기와 실패로 이어진 것이다. 기본에 충실한 공부법을 이용하면 충분히 자신에게 맞는 공부 습관을 만들 수 있다.

공부 습관 만들기에 성공한
학생들의 특징

공부 습관 만들기에 성공한 학생들은 공부가 재미있어지고 거부감이 줄어드는 느낌을 받았다고 말한다. 이렇게 습관 만들기에 성공한 학생들은 처음에 어떤 생각을 했을까?

첫째, 한번 스스로 해보자!

공부 습관 만들기에 성공한 학생들은 강사와 강의에 크게 의존하지 않았다. 잘못된 공부 습관이 있는 학생들은 강사가 가르쳐 주는 것에 많이 의존하는 경향을 보였다. 오히려 공부 방법을 아예 모르던 학생들이 정리 → 암기 → 문제 풀이 → 오답 정리의 학습 단계를 느리더라도 철저히 지키면서 결국 자신만의 습관을 만들었다. 또한 복습 중심의 학습을 진행했다. "너의 공부 방법에서 핵심이 무엇이니?"라고 물었을 때 자신 있게 "복습"이라고 말한 학생들은 대부분 성공했다. 강의를 듣는 것, 학원을 다니는 것이 아니라 복습이 공부의 핵심이라 생각한 학생들은 스스로 해보려는 의지가 매우 강하다. 그래서 공부할 때 적극성을 띤다. 이런 적극성은 습관을 만드는 힘이 될 뿐 아니라 스스로 공부하다 의문점이 생기면 질문을 많이 하게 되는 긍정적 효과로까지 이어진다. '스스로 해보겠다'는 의지는 공부 습관을 바꾸는 기회로 작용했다.

둘째, 나에게 딱 맞는 공부 방법은?

올바른 공부 방법을 완성하고자 노력하는 학생들이 있다. 현재 공부를 잘하든 못하든 상관없이 자신에게 맞는 공부 방법을 고민하고 시도하면서 결국 습관을 만들 수 있었고 상위권과 최상위권으로 도약할 수 있었다. 핵심은 공부에 대한 고민을 많이 했다는 것이다. 그만큼 공부 습관을 만들고자 하는 의지가 높을 수밖에 없었고, 이런 의지가 21일 동안 꾸준히 유지할 수 있게 도와주었다. 습관이 만들어진 후 이런 경우의 학생들은 "공부도 즐거울 수 있다는 것을 느꼈다"고 소감을 말하기도 하였다.

셋째, 주변을 이끌 수 있는 마음.

21일 공부 습관 만들기 3주차를 대비하며 '내가 경험한 것을 다른 친구에게 알려줘라' 라는 말을 한 적이 있다. 성공한 학생은 대부분 습관을 만들려고 꾸준히 노력했고, '변했다'는 것을 주변에 행동으로 보여주었다. 당연히 친구들이 성공한 학생의 공부 방법에 관심을 보이게 되었고 습관을 만든 학생이 주변 친구의 공부 방법을 이끌어주게 되었다. 이 상황이 책임감과 포기하려는 생각이 들더라도 마음을 다잡는 계기가 되었다고 한다. 자신의 방법을 다른 친구들과 공유하는 것만으로도 성공 확률이 크게 높아진다는 것을 잊지 말고 반드시 실천해보기 바란다.

지금까지 우리는 실패한 학생과 성공한 학생의 특징에 대해 알아보았다. 핵심은 포기하거나 실패했다는 생각을 하지 말고 기존 방법을 자신에게 맞게 수정하면서 변화를 주는 과정을 반복하다 보면 21일 후 최적화된 공부 습관을 만들 수 있다는 것이다. 긍정적 마인드를 갖고 자신에게 맞는 공부 방법을 고민한다면 공부 습관을 만들겠다는 의욕 또한 유지할 수 있다. 상위권, 중위권, 하위권 모두 21일만 노력하면 공부 습관을 만들 수 있다. 이 습관을 만드는 과정에서는 모두 같은 시기에 위기가 찾아온다. 어떻게 극복하느냐가 관건이다. 실패한 학생과 성공한 학생들이 했던 생각과 행동들을 확인하고 반드시 자신만의 공부 습관을 완성하기 바란다.

6장

올바른 공부 습관을
만들기 위한
학습 방법 분석

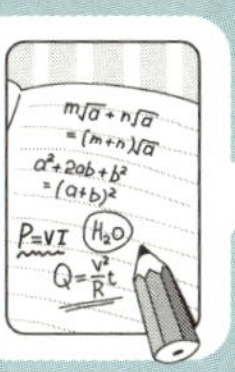

1 공부 태도는 올바른가

　공부가 아닌 다른 활동을 할 때는 시간 가는 줄 모르고 집중하지만 공부에는 왜 집중하지 못하고 조금만 해도 피곤하고 힘들까? 바로 공부를 대하는 태도가 올바르지 못하기 때문이다. 즉, 하고 싶은 마음이 없는데 억지로 하기 때문이다. 공부를 할 때 가장 중요한 것은 공부를 대하는 태도다. 공부가 나에게 도움이 되고 공부가 즐겁다는 생각을 갖도록 노력해보자. 이 장에서는 간단한 테스트를 통해 공부를 즐기기 위한 나만의 방법을 찾아보자.

　방법은 간단하다. 주어진 문제에서 현재 나의 느낌이나 상황에 따라서 최대 5점에서 최소 1점으로 표시한 다음 모든 점수의 합으로 결과를 확인하도록 한다.

1 공부는 반드시 해야 한다고 생각한다.

2 공부를 통해 새로운 것을 알아가는 것이 즐겁다.

3 공부하면서 재미를 느낄 때가 있다.

4 공부에서 배운 내용이 도움이 된 경험이 있다.

5 새로운 것을 배우고 익히는 데 공부는 중요하다고 생각한다.

6 학교에서 배우는 내용들은 나에게 도움이 된다고 생각한다.

7 시험을 잘 보는 것도 중요하지만
　모르는 것을 배우는 것에 보람을 느낀다.

| 테스트 결과 |

등급	점수	분석
1	32~35	공부태도는 매우 우수합니다. 또래 학생들에 비해 공부를 즐겁고 재미있는 대상으로 생각하며, 성적에 대한 부담감을 갖고 있지 않습니다. 공부를 가치 있게 생각하고, 공부에 대한 긍정적인 마인드를 가지고 있는 편이기 때문에 공부를 하는 데 별다른 어려움은 없을 것으로 보입니다.
2	30~31	공부태도는 대체로 양호합니다. 또래 학생들에 비해 전반적으로 공부하는 내용에 흥미가 있으며 자신만의 의미를 부여하여 공부하는 편입니다. 그러나 공부가 무엇인지를 정확하게 이해하고 공부에 대한 긍정적이고 좋은 느낌을 가지도록 태도를 관리할 필요가 있습니다. 공부를 그 자체로 즐기려는 마인드가 있으면 성적은 자연스럽게 향상됩니다. 평상시 공부하기 전에 '공부가 즐겁다'는 외침과 함께 시작해보세요. 그럼 진짜 공부가 즐거워질 것입니다.
3	24~29	공부태도는 또래 학생들과 비슷한 보통 수준입니다. 성적에 대한 부담감으로 공부의 즐거움과 재미를 느끼기 어려울 때가 종종 있습니다. 앞으로 공부를 좀 더 적극적이고 즐겁게 하려면 공부태도를 관리할 필요가 있습니다. 긍정적인 마인드로 공부한다면 공부에 대한 만족감과 성취감이 커져 자연히 학업성과도 좋아질 것입니다. 평소 공부하기 전 5분 동안 자신에게 응원이 되는 글을 써 보거나 힘을 줄 수 있는 문구들을 읽어 본 다음 공부를 시작한다면 공부가 지겨워지는 것이 조금씩 줄어들 것입니다.
4	22~23	공부태도가 대체로 낮은 수준입니다. 만약 이러한 상태가 지속될 경우 공부 자체가 싫어지고 거부감이 생겨 학습 능력이 떨어집니다. 공부와 성적을 연결시키는 생각을 버리고 왜 공부가 힘들고 어렵게 느껴지는지, 공부에 대해 부정적인 느낌을 가지게 된 이유는 무엇인지 살펴볼 필요가 있습니다. 혼자서 공부태도를 바꾸기 어렵다 생각되면 주변 선배나 친구들과 공부에 대한 얘기를 나눠볼 필요도 있습니다. 주변에서 도움이 될 수 있는 분을 통해 공부 마인드를 바꿔보시기 바랍니다.
5	5~21	공부태도는 전체적으로 취약한 상태입니다. 공부를 의무나 강제라 생각하고 하는 경우가 많기 때문에 학습 효율이 낮습니다. 의식적으로 자신의 마인드를 공부에 유리한 방향으로 바꿔나가면서 성취감을 느끼는 공부를 하는 것이 좋습니다. 즐거움과 재미를 느끼면서 하게 되면 학습 효율이 극대화될 수밖에 없고, 성적도 자연스럽게 오르게 됩니다. 부모님과의 대화를 통해 현재 하고 있는 공부 중 가장 스트레스가 심한 것을 줄여나가면서 공부의 즐거움을 다시 찾도록 노력해야 합니다. 또한 평소에 공부가 즐겁다라는 말을 의식적으로 자주 하면서 공부의 마인드를 바꿔 나가는 것이 중요합니다.

2 집중은 잘하고 있는가

　같은 1시간을 공부해도 어떤 학생은 문제집 10장을 넘게 풀지만 어떤 학생은 1장도 제대로 풀지 못한다. 또 어떤 학생들은 공부를 시작한 지 5분만 지나도 몸이 쑤시고 잡생각이 들기 시작하지만 어떤 학생들은 2시간이 넘도록 자세를 유지하면서 공부한다. 바로 집중력의 차이 때문에 나타나는 현상이다. 많은 학생들이 공부에서 가장 문제라 생각하는 것이 바로 집중력이다. 집중력을 높인다면 성적은 반드시 상승한다. 문제는 노력에 비해 집중력이 높아지지 않는다는 점이다. 하지만 주변 환경을 조금만 바꾸거나 조금의 관심만으로도 집중력은 높일 수 있다. 집중력을 높이는 해결책을 찾아보자. 다음 질문에 그렇다고 생각할수록 5점에 가깝게 점수를 매긴다.

1 내 책상 위에는 공부에 필요한 물건만 있다.

2 텔레비전, 게임, 핸드폰 등이 공부에 방해되진 않는다.

3 인터넷, 게임 때문에 공부를 미루지 않는다.

4 공부를 시작하기 전에 방해가 되는 것을 미리 치워둔다.

5 책상이나 책꽂이는 대체로 잘 정리되어 있다.

6 공부할 때는 TV, MP3, 핸드폰에 신경을 쓰지 않는다.

7 공부를 할 때는 친구가 놀자고 해도 거절할 수 있다.

등급	점수	분석
1	32~35	집중력이 매우 우수합니다. 평소 의식적으로 공부에 주의를 잘 기울이며, 집중할 수 있는 분위기와 환경을 만들어 공부하고 있습니다. 무리한 욕심을 부리지 말고 지금처럼 잘 집중할 수 있도록 노력해 나간다면 공부에 대한 흥미와 관심도가 좋은 학업성과로 이어질 수 있습니다.
2	30~31	집중력은 대체로 양호합니다. 평소 자신이 집중할 수 있는 공부 환경이 무엇인지 잘 알고 있으며 방해요인을 미리 제거하기 위해 노력하는 편입니다. 하지만 좀 더 집중할 수 있는 환경인지 확인하고 공부를 시작하려는 준비가 필요합니다. 공부에 몰입해본 경험이 좋은 결과를 가져다 줄 것입니다.
3	24~29	집중력은 또래 학생들과 비슷한 보통 수준입니다. 평소 공부를 할 때 집중하려고 하지만 간혹 예상하지 못한 상황이나 공부 방해 요소가 생기면 집중하지 못하는 경향이 있습니다. 공부를 시작하기 전에 집중을 흐트러뜨릴 수 있는 요소를 제거한 후에, 공부를 시작하도록 노력하기 바랍니다.
4	22~23	집중력이 대체로 낮은 수준입니다. 공부에 집중하는 데 필요한 것이 무엇인지 파악하고 준비하는 자세가 부족합니다. 공부하는 공간과 그 주변을 잘 관리해서 집중을 흐트러뜨리는 요소들을 미리 제거하는 것은 필수입니다. 자신의 공부 의지를 지나치게 믿지 말고 공부를 방해하는 요인을 사전에 차단하고 공부하시기 바랍니다.
5	5~21	집중력이 전체적으로 취약한 상태입니다. 평소 공부를 할 때 집중하고자 하는 준비가 부족합니다. 준비가 안 되어 있기 때문에 공부에 집중하려고 해도 잘 되지 않을 때가 많습니다. 무작정 공부하려 하지 말고 사전에 공부를 방해할 만한 요인을 차단하여 공부에 집중할 수 있는 분위기를 만들어나가려는 노력이 필요합니다.

3 공부할 의지는 충분한가

'공부를 열심히 해야지' 하는 생각이 들었을 때 가장 먼저 하는 것이 바로 계획을 수립하는 것이다. 정작 많은 학생들이 계획을 세우지만 꾸준히 실천하는 학생은 많지 않다. 계획을 세우고 포기하는 것이 반복되면 점점 계획 수립은 필요 없다는 생각까지 들게 된다. 계획을 꾸준히 지키지 못하는 이유는 무엇일까? 계획을 세우는 것도 중요하지만 실천하는 의지를 유지하는 건 더 중요하다. 나의 실천 의지를 체크해보고 실천 의지를 유지하기 위한 방법을 알아보자. 역시 그렇다고 생각하면 5점에 가까운 쪽으로 점수를 매긴다.

1 나에게 맞는 계획표(공부, 생활)를 만들고
   실천하려고 노력한다.

2 어떤 일을 하기 전에 미리 계획을 세우고 시작하는 편이다.

3 나는 공부 계획을 세우면 대부분 실천하는 편이다.

4 일단 세운 계획은 반드시 실천하려고 노력한다.

5 공부가 지루하고 재미없어도 계획한 것은
   실천하려고 노력한다.

6 계획한 일을 제대로 잘 마무리하지 못했을 때
   신경이 많이 쓰인다.

7 꾸준하게 일주일 이상 계획대로 공부해본 경험이 있다.

| 테스트 결과 |

등급	점수	분석
1	32~35	실천 의지가 매우 높습니다. 시간을 잘 배분하여 활용하고 있으며 공부 계획을 세워 실천하고 있습니다. 지금과 같이 자신이 목표하고 계획한 것들을 꾸준히 실천해 나간다면 반드시 좋은 결과가 나올 것입니다. 하루 생활 중에서 자투리 시간을 찾아 효과적으로 활용하는 방법도 생각해보기 바랍니다.
2	30~31	실천의지는 대체로 양호합니다. 시간을 적절히 배분하여 활용하고 공부 계획을 세워 실천하려 노력하는 편입니다. 실천 의지가 유지될 수 있는 공부 계획을 세우려면 공부 일기를 써서 현재 자신의 계획을 돌아보고 실천하지 못한 이유를 관찰, 분석해보기 바랍니다.
3	24~29	실천 의지는 또래 학생들과 비슷한 보통 수준입니다. 실천 가능성이 높은 계획을 세웠다 하더라도 다양한 원인에 의해 실천하지 못하는 경우가 있을 수 있습니다. 그 원인을 자세히 분석해 자신이 통제하거나 조절할 수 있는 해결책을 마련하는 것이 좋습니다.
4	22~23	실천 의지는 대체로 낮은 수준입니다. 공부 계획을 세우고 이를 실천하려는 노력이 또래 학생들에 비해 부족합니다. 스스로 정한 공부 과제를 어떻게 배분하여 어떤 방식으로 공부할 것인지 책을 통해 확인하고 연습을 해서 효과적으로 공부하길 바랍니다.
5	5~21	실천 의지는 전체적으로 취약한 상태입니다. 평소 시간 관리를 효율적으로 하지 못하는 편이며, 공부를 계획하고 실천하는 능력이 또래 학생들에 비해 낮습니다. 마감시간을 확실히 정하고 하루에 한 가지씩 꼭 해야 할 공부부터 기록한 다음에 미루지 않고 실천할 수 있도록 노력하기 바랍니다.

4 제대로 암기하고 있는가

분명 며칠 전에 공부했는데 공부한 기억만 남아 있고 내용은 기억나지 않는 경험은 누구나 해봤을 것이다. 또한 평소에 열심히 하더라도 시험에서 기억하지 못해 아쉬움이 많았던 경험도 있을 것이다. 이런 경험을 자주하게 되면 공부가 싫어질 뿐만 아니라 결국은 포기하게 된다. 암기력은 머리만 좋다고 해결되는 게 아니다. 매일 꾸준히 반복하는 습관에 의해 만들어지는 것이다. 현재 자신의 상태를 점검해보면 나에게 맞는 방법을 찾을 수 있을 것이다.

다음 질문에 그렇다고 생각하면 5점에 가까운 점수를 준다.

1 평소 누가 시키지 않아도 스스로 알아서 공부한다.

2 시험 때가 아니라도 배운 내용을 공부한다.

3 수업시간에 무엇을 배울지 미리 확인하고 수업을 듣는다.

4 싫어하는 과목이라도 수업시간에는 집중해서 들으려고 노력한다.

5 나는 평소 복습을 꼬박꼬박 한다.

6 나는 평소 학교 수업 시간에 필기를 많이 하는 편이다.

7 배운 것을 이해하려고 방과 후 정리를 한다.

등급	점수	분석
1	32~35	암기력이 매우 우수합니다. 꾸준한 예습과 복습으로 배운 내용을 자신의 것으로 만들어 나가고 있습니다. 지금과 같이 자신에게 잘 맞는 효과적인 공부 전략과 방법을 찾아 적극적으로 활용한다면 공부효과는 2, 3배로 커질 것입니다.
2	30~31	암기력은 대체로 양호합니다. 배운 내용을 어떻게 해야 자신의 것으로 만들 수 있는지를 잘 알고 있습니다. 암기력을 높이려면 예습, 복습 방법을 스스로 선택하고 조정해 나가면서 일정한 시간을 들여 조금씩이라도 꾸준히 공부하는 것이 좋습니다.
3	24~29	암기력은 또래 학생들과 비슷한 보통 수준입니다. 평소에 예습, 복습하는 습관이 부족한 편입니다. 시험기간에 몰아서 공부하는 것이 아니라 평소에, 특히 복습하는 습관을 기르려 노력하기 바랍니다. 많은 내용을 한꺼번에 기억하려 하지 말고 그날 배운 내용이라도 확실하게 기억할 수 있도록 합니다.
4	22~23	암기력은 대체로 낮은 수준입니다. 많은 시간을 공부했다고 기억에 남는 것이 아닙니다. 평소 배운 내용을 스스로 정리하고, 반복 학습해서 정확하게 기억하고 있는지 늘 철저하게 확인해야 합니다. 무리하게 모든 과목을 하려 하지 말고 가장 좋아하는 과목부터 예습과 복습하는 습관을 길러 기억에 남는 공부를 하시기 바랍니다.
5	5~21	암기력은 전체적으로 취약한 상태입니다. 평소 예습, 복습을 잘 하지 않고 있으며, 공부를 하더라도 효과적으로 기억하는 방법을 잘 몰라 배운 것을 자신의 것으로 만들지 못합니다. 그날 공부한 내용 중에서 꼭 기억해야 할 중요한 내용을 하나씩이라도 반드시 기억할 수 있도록 노력하기 바랍니다. 처음부터 많은 것을 암기하려는 생각보다 매일 하나라도 확실하게 암기하는 것이 중요하다는 점을 잊지 말기 바랍니다.

5 시험은 적절히 대비하고 있는가

시험을 본 후 분명 아는 내용이었는데 실수한 경험이 있을 것이다. 이런 상황에서 어떤 학생은 '다음에 잘 보면 되지' 하는 생각을 하고 넘어가지만 어떤 학생은 '내가 왜 그랬을까?' 하고 고민하고 문제점을 찾으려 노력한다. 과연 어떤 학생이 다음 시험에서 좋은 점수를 얻을까?

실력은 있는데 점수가 제대로 나오지 않는 학생들은 시험 대비력이 부족한 학생이다. 공부한 만큼 시험에서 좋은 결과를 얻기 위한 방법을 점검해보자.

다음 질문에 그렇다고 생각하면 5점에 가까운 점수를 준다.

1 실수로 틀린 문제에 대해 그 이유가 무엇인지
생각해본 적이 있다.

2 시험이 끝나고 다음 시험을 잘 보려면 어떻게 해야 할지
생각해본 적이 있다.

3 시험을 보고 난 후 정답만 맞춰보는 건 소용없다고 생각한다.

4 시험문제를 틀린 경우 왜 틀렸는지 원인을 파악한다.

5 시험이 발표되면 먼저 시험공부 계획을 세우고 공부한다.

6 시험을 보고 난 후 틀린 문제는 오답 노트에 다시 정리한다.

7 시험 때에 몰아서 공부하지 않고 평소에 공부한다.

등급	점수	분석
1	32~35	시험대비력이 매우 우수합니다. 시험에 대한 충분한 대비와 점검을 해서 충분히 효과를 발휘할 수 있는 공부를 하고 있습니다. 자신이 알고 있는 것이 정확한지 늘 의문을 갖고 공부하고, 실수한 부분도 점검하는 습관을 기른다면 자신이 계획했던 목표에 도달한 자신을 발견하게 될 것입니다.
2	30~31	시험대비력이 대체로 양호합니다. 시험에 맞춰 공부 계획을 세워 실천하고 오답 노트를 적절하게 활용하여 공부하는 편입니다. 평상시에도 문제를 풀고 난 다음에 틀린 문제를 분석해서 정리해 놓고 반복적으로 확인하여 감점 요인을 줄여나가려는 노력이 필요합니다. 이것이 성적 향상의 지름길입니다.
3	24~29	시험대비력이 또래 학생들과 비슷한 보통 수준입니다. 시험에 대비하여 나름대로 준비하는 편이지만, 본인이 기대하는 것보다 결과가 좋지 않아 실망하는 경우가 종종 있습니다. 오답 노트를 적극적으로 활용하고, 시험 후 부족하거나 실수한 부분을 점검하는 습관을 키우도록 해야 합니다.
4	22~23	시험대비력이 대체로 낮은 수준입니다. 시험에 대한 준비와 오답 노트를 통해 자신의 감점 요인을 보완하거나 관리하려는 노력이 부족합니다. 이러한 준비와 분석이 되지 않으면 노력한 만큼 좋은 성적을 얻기 어렵습니다. 틀린 문제를 모아 놓고 그 원인을 분석하고 해결하는 방식을 찾아나가는 공부를 하시기 바랍니다.
5	5~21	시험대비력이 전체적으로 취약한 상태입니다. 시험 준비를 어떻게 해야 하는지 전략적인 방법을 잘 모르며 오답 노트를 제대로 활용하지 못하고 있어 결과가 좋지 않은 경우가 종종 있습니다. 틀리거나 어려운 문제를 놓고 왜 틀렸는지 생각해보는 습관을 기르기 바랍니다. 자신의 감점 요인을 분석하고 교정한 만큼 성적은 올라가는 법입니다.

중위권을 상위권으로 이끄는
부모의 역할

억지로 시키면 된다는 생각을 버리자

'공부'라는 주제로 강연을 하다 보면 학생뿐 아니라 부모들도 큰 관심을 보이며 많은 질문을 한다. 학생들은 자신의 문제점, 부모는 자녀의 문제점을 해결하고자 적극적으로 다가온다. 그런 분들을 보면 나 또한 도움이 되고자 노력한다. 하지만 가끔 난감한 질문을 받을 때가 있다. "제가 공부하는 걸 싫어하는 데 누가 강제로 시켜줬으면 좋겠어요" "우리 아이가 공부에 흥미가 없는데 어떻게 해야 억지로라도 책상에 앉게 할 수 있을까요?"

공부에 대한 불안감은 미래에 대한 불안감과 같다. 앞으로 내가 또는 내 자녀가 지금보다 더 좋은 환경에서 행복하게 살려면 가장 중요시해야 할 것이 공부라고 생각한다. 물론 틀린 말은 아니다. 공부를 잘한다는 조건이 붙으면 하고 싶은 일을 선택하는 범위가 더 커질 수 있다. 부모 세대 때는 대학을 졸업했다는 조건이 곧 큰 프리미엄이었다. 지금은 명문대를 우수한 성적으로 졸업해도 그 당시의 프리미엄을 얻을 수 없다. 적어도 국가 고시나, 대기업 채용 시험 정도는 합격해야 그 정도의 프리미엄을 누릴 수 있을 것이다.

이런 사회 분위기에서 살아남으려면 일단 명문대를 진학해야 한다는 과제가 모든 학생들에게 있는 것이다. 그래서 하기 싫어도 억지로 해야 한다는 생각을 하게 되고, 내 아이를 위해 억지로라도 공부를 시켜야 한다는 생각을 하게 되는 것이다. 그런 이유 때문인지 '공부한다' 라는 단어 앞에 '억지로', '강제적', '어쩔 수 없이' 라는 단어들을 붙인다. 더 나은 삶을 살려면 반드시 이겨내야 할 관문의 하나로 공부를 생각하고 있다는 뜻이다. 특히 부모는 자신이 직접 경쟁 사회를 경험했기에 더욱 자녀를 공부시키려고 집착한다.

부모부터 공부가 힘들다는 생각을 하는데 과연 그들의 자녀가 공부를 즐길 수 있을까? 고등학생들과 학습 상담을 할 때 부모의 향기를 강하게 느끼곤 한다. 그들의 부모가 어떤 생각을 하고 있는지, 어떤 대화를 하고 있는지 자연스럽게 학생에게 느낄 수 있기 때문이다. 학생의 말투가 불안한 경우를 보면 대부분 부모가 심하게 공부를 강요하는 환경이다. 반대로 공부에 대한 부담이 별로 없는 학생을 보면 부모가 스스로 공부할 수 있게끔 기회를 제공하려 하는 환경이다. 많은 학생이 공부는 재미없고 힘들지만 억지로라도 해야 한다고 생각한다. 이런 학생의 부모는 억지로라도 공부해야 한다고 학생들에게 꾸준히 말한다. 한창 젊은 패기로 학생들을 지도할 때 나는 그런 부모들을 변화시키고자 노력했지만 그렇게 쉽게 바뀌지 않는다는 것을 시간이 흘러서야 깨달았다. 무한 경쟁 사회 속에서 부모들은 살아남으려 노력하고 있고, 그 노력의 결과에 따라 가정을 지킬 수 있느냐 없느냐가 결정되기 때문이다. 자녀가 현실을 알아주길 바라고, 최선을 다해 공부하길 바라지만 기대와는 다른 자녀의 성적을 보고 나면 자녀의 미래를 위해 강압적으로라도 공부를 시켜야겠다고 결심하는 것이다.

공부 잘하는 방법을 얘기하다가 왜 부모를 주제로 이야기를 꺼내는지 의아해할 수도 있지만 내가 만난 학생 중 성적이 상승하는 학생이나 최상위권을 유지하고 있는 학생의 뒤에는 항상 그들을 뒷받침하는 부모가 있었기 때문이다.

그렇다면 과연 어떤 부모가 자녀의 공부를 도와주는 부모일까?

공부하는 타이밍을 기다려 주자

학부모를 대상으로 강연할 때 가끔 이런 이야기를 듣는다. "머리 좋은 건 유전인 것 같아요! 우리 옆집 부모는 전문직에 종사하는데 그 자녀도 공부를 잘하더라고요!” “역시 부모의 머리를 이어받아서 집중력이나 끈기가 좋은 것 같아요!” 나는 그 부모들은 공부 타이밍을 알고 기다려 주기 때문에 자녀가 공부를 포기하지 않고 끝까지 유지하는 것이라고 항상 말한다.

누구나 어떤 일이든지 하고 싶을 때가 있고 하기 싫을 때가 있다. 보통 자녀가 항상 공부하기 싫어한다고 생각할지 모르지만 절대 그렇지 않다. 공부를 싫어하는 학생이나 성적이 바닥인 학생도 공부를 해야 한다는 생각과 잘하고 싶다는 생각을 하고 있다. 해야겠다는 생각을 할 때 주변에서 조금만 도움을 주면 공부 집중력이 높아지고 유지될 확률이 매우 커진다.

이런 타이밍을 아는 부모는 자녀를 기다려준다. 그리고 항상 옆에서 말없이 지켜본다. 강제적으로 공부하면 몇 분 만에 집중력이 떨어짐을 알기 때문이다. 자녀의 공부 타이밍은 갑자기 찾아온다. 친구, 선배, 독서, TV 등 다양한 정보를 보고 듣고 느끼는 순간에 갑자기 찾아오기도 한다.

부모가 자녀의 공부를 도와주려면 그런 타이밍을 찾아서 응원해야 한다. 결론은 자녀가 편하게 부모에게 이런 얘기를 할 수 있는 분위기를 만들어야 한다는 것이다. 그리고 옆에서 느낄 수 있어야 한다. 어제와 다른 뭔가를 찾아내고 그 분위기를 중심으로 진정 기뻐해주고 응원해주기만 해도 자녀는 더 열심히 노력하려 한다.

하루에도 몇 번씩 바뀌는 게 사람 마음이다. 자녀 또한 공부를 하고자 하는 마음이 하루에도 수십 번씩 생겼다가 사라진다. 공부하기 싫을 때나 고민이 있을 때 공부하라는 말을 듣게 되면 싸움으로 이어지고, 끝내 부모는 '적'이라는 극단적 결정에 다다른다. 내가 만난 학생 대부분은 부모님으로부터 공부하라는 말을 들음과 동시에 공부에 대한 거부감이 커졌다고 한다. 부모의 마음은 항상 불안하기에, 그리고 공부하는 모습보다 공부하지 않는 모습이 더 강하게 뇌리에 남아 있기에 자녀에게 습관적으로 공부하라는 말을 하게 된다. 하지만 자녀의 마음은 반대다. 놀았던 기억보단 공부했던 기억이 더 크게 남아 있다. 그래서 공부하라는 부모의 말이 더 서운하고 짜증나게 들린다. 남자는 군대 가서, 여자는 대학생이 되었을 때쯤은 되어야 부모의 마음을 조금이나마 이해하지 않을까? 공부를 시키지 말고 자발적으로 하도록 유도해주는 것이 부모의 역할이자 의무다. 공부를 아는 부모는 그 타이밍을 잘 알기에 자녀를 절대 압박하지 않는다. 또한 강요하지도 않는다. 자녀가 선택하길, 그리고 움직이길 기다리고 응원할 뿐이다.

주변에서 학습 컨설팅을 받는 분들을 보면 대부분 고등학생 자녀를 두었다. 그들은 자녀를 어떻게 이끌어야 하는지 궁금해한다. 그럴 때마다 난 성공한 선배 부모의 자녀 지도법을 얘기해준다. 성공한 부모는 절대 먼저 공부하라는 말을 하지 않는다. 부모 입에서 공부라는 단어가 자주 나오면 학생이 부모에 대한 거부감을 갖기 때문이다.

성공한 부모는 행동으로 보여준다. 같이 TV를 보다가도 먼저 일어나서 책을 읽는다든지 다른 것에 집중하면서 자녀가 스스로 공부하려는 마음을 먹게 만든다. 또한 결과에 대해 비관적인 말을 하지 않는다. 오히려 어려웠던 것이 무엇인지, 어떻게 해결하면 좋을지를 깊이 토론하고 같이 변화할 점을 찾고자 노력한다. 자녀에게도 공부해야겠다는 마음이 있으며, 그 마음을 행동으로 옮기게 만드는 건 부모가 아닌 자녀 스스로임을 알기 때문이다. 또한 스스로 자신의 문제를 고민할 수 있는 기회를 만들어주거나 공부에 대해 논의하기보다 오히려 여행이나 놀거리를 찾아 같이 한다. 부모의 역할은 공부를 시키는 것이 아니라 자녀가 스스로 공부하려는 마음을 먹게 하는 것임을 잘 알기 때문이다. 그들의 자녀는 절대 부모에게 화내거나 공부 스트레스로 인한 일탈을 하지 않는다. 결론적으로 스스로 공부를 해야겠다는 마음을 먹었을 때 그 누구보다 무서운 집중력을 보이게 되고, 결국 원하는 대학에 입학한다.

이상적 자녀의 모습을 지워버려라

학부모가 자녀의 문제점에 대한 상담을 요청하는 시점을 보면 대부분 주변 사람들의 아이와 내 아이를 비교한 다음이다. 사실 많은 부모가 내 아이의 장점과 다른 아이의 단점을 비교하는 것이 아니라 내 아이의 단점과 다른 아이의 장점을 비교한다. 그에 따른 결과는 언제나 참담한 마음뿐이다. 남의 장점과 나의 단점을 중심으로 비교하면 당연히 내가 문제라는 결론을 내리게 된다.

처음 자녀가 초등학교에 입학했을 때는 건강한 자녀의 모습에 행복해하고 책상에 앉아 있는 것만으로도 대견함을 느낀다. 하지만 자녀가 성장할수록 점점 경쟁에서 이기는 모습을 원하게 된다. 학원비나 과외비가 늘어날수록 투자 대비 효과가 나타나지 않으면 실망한다.

실망이 커질수록 부모는 이 단어를 떠올린다. '만약에…….'

'만약에 우리 ○○이가 조금 더 오래 공부한다면?' '만약에 ○○이가 옆집 ㅁㅁ이처럼 된다면?' 이런 생각이 들수록 지금 자녀의 모습이 한심하게 느껴지고 공부하고 있지 않는 모습에 점점 화가 난다. 이 순간에 부모의 머릿속에 열심히 공부만 하는 이상적인 자녀의 모습이 자리 잡게 되며, 그 모습에 맞춰 현실의 내 아이에게 공부를 강요하고 꾸짖는다. 이것이 자녀가 잘될 수 있는 유일한 방법이며 부모의 의무라는 생각을 하면서 말이다.

하지만 이럴 때 자녀는 부모에게 큰 실망과 서운함, 어떨 때는 분노까지 느낀다. 가끔 미안하다는 생각을 하는 아이도 있지만 1퍼센트도 안 된다.

부모와 자녀가 싸우기 시작하는 첫 단계가 부모들이 자녀를 이상적인 모습에 맞추려고 시도하기 시작할 때라는 것을 알아야 한다.

공부를 도와주는 부모가 되려면 현실의 자녀를 이상적인 자녀의 모습에 맞추려 하지 말아야 한다. 상상 속의 인물은 절대 현실에 나타나지 않는다. 오히려 비교하다가 좌절감만 더 커진다는 것을 깨달아야 한다.

비교하지 않는 것만으로도 자녀의 공부 스트레스는 줄어든다. 부모가 말하지 않아도 이미 자신과 타인을 비교하면서 좌절한 경험이 있는데 굳이 다시 일깨워줄 필요 없다. 상처 받은 마음을 다시 건드릴 필요가 있을까?

자기 방어를 하는 자녀에게 상처 받기 싫다면 비교하는 부모의 모습부터 없애야 한다.

『단기 고득점을 위한 21일 트레이닝』
체크 리스트

※ 자주 보는 교재 또는 노트 앞에 붙여놓고 반드시 실천하세요.

Step	순서	행동 지침	목표 날짜	실천 여부 (O/X)	소감
STEP1	1일차	새로 작성한 계획표를 잘 보이는 곳에 최대한 많이 붙이세요.	월 일		
	2일차	배운(學) 시간과 익히는(習) 시간을 구분하여 계획하고 최대한 실천해보세요.	월 일		
	3일차	"계획을 실천하는 것을 방해했던 장애물, 위기 상황을 솔직하게 적어보세요."	월 일		
STEP2	4일차	마음에 드는 명언을 찾아서 자주 보는 교재나 책상 앞에 써두세요.	월 일		
	5일차	주말 계획 실천을 방해하는 위험 요소와 이에 대한 대책을 생각해보세요.	월 일		
	6일차	문제풀이 후에 오답 정리한 것을 미리 확인하고 주말에 반드시 복습하세요.	월 일		
	7일차	지금까지 가장 잦았던 위기 상황을 확인하고 계획표에 잘 보이게 붙여두세요.	월 일		

Step	순서	행동 지침	목표 날짜	실천 여부 (O/X)	소감
STEP3	8일차	2주차 계획을 꼼꼼히 확인한 후 정말로 실천 가능하도록 수정해보세요.	월 일		
	9일차	2주차 하루가 지난 후, 계획에서 보완할 것이 있는지 다시 점검해보세요.	월 일		
	10일차	지쳤거나 하기 싫은 마음이 든다면 주변에 알리고 도움을 요청하세요.	월 일		
	11일차	나의 자투리 시간 활용을 점검해보고, 개선할 점을 적어보세요.	월 일		
	12일차	포기하고 싶을 때 가장 친한 친구 또는 선배와 고민을 나눠보세요.	월 일		
	13일차	나의 경쟁자의 단점과 나의 장점을 비교해보세요.	월 일		
	14일차	지금까지 공부한 분량을 확인해보고 뿌듯한 만큼 스스로에게 보상해주세요.	월 일		

Step	순서	행동 지침	목표 날짜	실천 여부 (O/X)	소감
STEP4	15일차	공부 우선 순위를 다시 정리한 후, 잊지 않도록 잘 보이는 곳에 붙여두세요.	월　일		
	16일차	자는 시간을 뺀 나머지 모든 시간들에 대해서 전체적인 계획을 세워보세요.	월　일		
	17일차	주변 친구들에게 공부 습관 만들기 방법 중 하나를 공유해보세요.	월　일		
	18일차	지금까지 있었던 최대 위기 순간을 떠올리면서 극복 방법을 적어보세요.	월　일		
	19일차	주변 친구들에게 나의 성공 경험과 노하우를 전수해주세요.	월　일		
	20일차	다른 사람들의 성공 사례와 실패 사례를 확인하고 나와 비교해보세요.	월　일		
	21일차	21일 간의 나의 노력에 대해 보상하고, 최종 계획표를 완성한 후 잘 보이는 곳에 붙여두세요.	월　일